Boualem Sansal · ALLAHS NARREN

Boualem Sansal

Allahs Narren
Wie der Islamismus die Welt erobert

Ein Essay zur Sache

Deutsch von Regina Keil-Sagawe

Merlin Verlag

Wer die Dinge beim falschen Namen nennt, trägt zum Unglück der Welt bei.

Albert Camus

Wenn die Wahrheit nicht frei ist, dann ist die Freiheit nicht wahr.

Jacques Prévert

Inhalt

Anmerkungen des Verlags   9

Vorwort des Autors zur 8. Auflage   11

I.   **Algerien, vom Kolonialismus zum Islamismus – Betrachtungen eines Zeitzeugen**   27

II.   **Die Welt des Islam – Ein Überblick**   42
 1. Die Scharia – Verbindlichkeitsanspruch und Geltungsbereich   42
 2. Die islamischen Rechtsschulen   51
 3. Von der Freiheit im Islam   63

III.   **Der Islamismus in der Welt – Bestandsaufnahme und Fragen**   69

IV.   **Die treibenden Kräfte des Islamismus**   92
 1. Die radikalen religiösen Strömungen   99
 2. Die muslimischen Staaten   110
 3. Die intellektuellen Eliten und die Universitäten   112
 4. Die Medien   116
 5. Die „arabische Straße"   118
 6. Die Emigration oder das Scheitern der Integrationspolitik   120

V.   **Auf der Suche nach Identität und Zukunft – Die virtuelle arabische Welt**   123
 1. Eine Identität, die alle anderen auslöscht   123

2. Eine sich widersprechende Identität — 132
3. Eine schleppende Entwicklung und übergroße
Ambitionen — 135
4. Rigorismus und verbissener Nationalismus — 138
5. Die Araber, Allahs unermüdliche Kalifen
und Missionare — 140
6. Die Frauen und die Jugend – ewige Geiseln
des religiösen Systems — 143

VI. **Geschichte eines Missverständnisses:
Die Islamismus-Politik des Westens** — 145

VII. **Was daraus folgt** — 153

VIII. **Anhang** — 159
1. Glaubensrichtungen, Schulen und Bewegungen
im Islam — 161
2. Die Muslime in der Welt – Aufteilung nach
Ländern und Regionen — 163
3. Kleiner Abriss der Arabischen Welt — 165
4. Betrachtungen über die Araber: Auszug aus
der *Muqaddima* von Ibn Khaldûn — 171
5. Anmerkungen — 180

Anmerkungen des Verlags

Seit der ersten Veröffentlichung von *Allahs Narren* im Jahr 2013 sind neun Jahre vergangen und in der Welt hat sich vieles verändert. Es erschien uns interessant, das Buch neu aufzulegen und den Autor aus diesem Anlass zu bitten, in einem Vorwort zu formulieren, wie er die Problematik des Islamismus heute sieht, unter Berücksichtigung der Entwicklungen der letzten Jahre.

Der Autor hat sich für eine an die Leser gerichtete lange Ansprache entschieden, die im beiläufigen Tonfall eines philosophischen Gesprächs gehalten ist. Sie wird die Lektüre des Buchs zweifellos bereichern.

Der Autor und wir sind an Ihren Leseeindrücken interessiert – nutzen Sie dafür die Website www.boualem-sansal.de, die wir eingerichtet haben, um Ihnen die Möglichkeit zu geben, sich mit dem Autor auszutauschen.

LIEBE LESERINNEN UND LESER

Allahs Narren erschien 2013 in Deutschland und später auch in anderen europäischen Ländern unter dem Titel: *Gouverner au nom d'Allah. Islamisation et soif de pouvoir dans le monde arabe.* In Europa war es eines der allerersten Bücher, das vor diesen neuen, der Öffentlichkeit damals kaum bekannten Phänomenen warnte: dem unaufhaltsamen Aufstieg des Islamismus in der Welt und dem verhängnisvollen Eindringen der „arabischen Straße" in die sensiblen Prozesse der internationalen Beziehungen. Es war schwierig, darüber zu sprechen, wir wussten nicht recht, wie wir diese Dinge benennen sollten, ohne uns die Zunge zu verbrennen, wir hatten Angst, zu schockieren, zu stigmatisieren und des mangelnden Unterscheidungsvermögens beschuldigt zu werden, der Vermischung von diesem und jenem, von Islam und Islamismus zum Beispiel, die um jeden Preis voneinander ferngehalten werden müssen, wie eine Streichholzschachtel und ein Benzinkanister. Wir hätten ein akademisches Werk schreiben und gelehrte Begriffe verwenden müssen, die für die breite Öffentlichkeit unverständlich sind, was nicht in unseren Möglichkeiten lag und auch nicht unser Ziel war.

Wir wollten nur eine wahre Geschichte bezeugen, die sich wiederholt und weiter wiederholen wird, wir wollten die Menschen in der Welt alarmieren und ihnen raten, die Augen zu öffnen angesichts der Gefahren, die auf sie und ihre Länder lauern, das ist alles. In Wahrheit dachten wir vor allem an ihre Kinder, die so zerbrechlich sind, wenn sie diese besondere Phase des Übergangs erreichen, in der sie brutal von dem Wunsch erfasst werden, an das Gute zu glauben und dafür zu kämpfen; denn dann ist es zu spät, sie werden auf die eine oder andere Seite gezogen, sie haben Mentoren und Kommandeure, sie müssen wie echte Selbstmordattentäter gehorchen und viel Böses tun, um zu wahren Helden zu werden.

Ich erzählte von meinen Erlebnissen, von meinem Land Algerien, das von einem erobernden Islamismus der vulgärsten Art heimgesucht wurde, und ich erzählte alles wahrheitsgemäß und aufrichtig: von unserer armseligen Selbstzufriedenheit, unseren erbärmlichen Analysen, unserer störrischen Blindheit, unseren folgenschweren Irrwegen, unserer dummen Sorglosigkeit, von der moralischen und materiellen Korruption unserer Führer, der links-naiven, Alt-Hippie-haften oder woke-militanten Seite unserer Eliten, die nahezu alle in Westeuropa und Nordamerika ausgebildet wurden, also auswärts, während das Böse näher kam, die Luft verpestete und uns bereits umzingelt hatte. Dann brach alles mit einem Knall zusammen, während wir auf nichts vorbereitet waren. Von Mitte der 1980er Jahre bis Anfang des ersten Jahrzehnts der 2000er Jahre durchlebte Algerien alle Fieber und allen Irrsinn des Mittelalters, die Unwissenheit, die argumentiert, den Sophismus, der beweist, den Obskurantismus, der belehrt, den Fanatismus, der predigt, die blinde Unterwerfung, die als Ehre erlebt und wie eine Komfortdroge gesucht wird, dann die „arabische Straße" (wie sie von den europäischen Medien getauft wurde), die permanent explodiert, über die Ufer tritt, zum Tod aufruft, umzingelt, bespuckt, lyncht, steinigt, mit Schwefelsäure versetzt und alles zertrümmert.

Dann kamen die Gräueltaten des Islamismus, der die Seelen

beschmutzt und sie mit einem Brandzeichen versieht, dann der Terrorismus und sein Gegengift, der Gegenterrorismus, der genauso tötet wie das Gift. Ich habe auch von dem Verbrechen gesprochen, das alle Verbrechen ermöglicht, dem Verbrechen der Gleichgültigkeit und der Feigheit, denn so sind wir, gleichgültig gegenüber dem Unglück der Welt, wenn es weit weg von unserem Dach niedergeht, und schnell dabei, beim Anblick des Feindes zu fliehen.

Diese Phänomene waren uns damals unbekannt, wie sie es heute für Sie sind. Sie tauchten in den arabischen und muslimischen Ländern erstmals in den 1970er Jahren auf, als Mittel im Kampf gegen diktatorische Regime, die oft dem Kreml und dem KGB nahestanden, aber – um das Gleichgewicht des Schreckens herzustellen – auch geheime Verbindungen zum Weißen Haus und der CIA hatten, und die ihre Völker unterdrückten. Deutlicher – und dieses Mal hatte es eine internationale Dimension – traten sie während der iranischen Revolution zutage, die 1979 die iranische Monarchie stürzte – die gemeinsam mit Israel das Herzstück des von den USA und der NATO für den Nahen Osten erdachten Stabilitätsgefüges war – und eine ultraorthodoxe religiöse Partei an die Macht brachte, revolutionär, zutiefst antiwestlich und antiisraelisch, ein Erzfeind des feudalen und korrupten Saudi-Arabiens, das von den USA geschützt wird und Agent ihres Imperialismus ist und sich selbst zum Hüter der heiligen Stätten erklärt hat, um sein Monopol über den Islam und seinen Führungsanspruch gegenüber den Muslimen zu festigen.

Dank der unerschöpflichen finanziellen Ressourcen finanzierte Saudi-Arabien weltweit die Ausbreitung seines Dogmas, des Wahhabismus (ultraorthodoxe Strömung des Islam), und beeinflusste mit aller Macht die internationalen islamischen Institutionen, um sie in den Dienst ihres messianischen Projekts der weltweiten Islamisierung zu stellen, insbesondere die Organisation für Islamische Zusammenarbeit (OIZ) und die Islamische Weltliga (MWL), aber auch islamische Parteien und Verbände sowie – im Verborgenen – alle Arten von Terrororganisationen (oder von den westlichen Regierungen als solche eingestufte Organisationen). Sein von den Amerikanern unterstützter Traum ist es, das arabisch-islamische Reich wieder so herzustellen, wie es zur Zeit des Propheten und der ersten vier Kalifen[*] bestand, die alle Araber waren, mit der Hauptstadt Mekka in Arabien, das von Allah auserwählt wurde, um den Islam, seinen Propheten und den heiligen Koran zu empfangen. Seiner Meinung nach hätten ihre Nachfolger[**], als sie die Hauptstadt außerhalb Arabiens an Orten errichteten, die lange Zeit christlich waren, in Damaskus, Bagdad und Konstantinopel, eine große Blasphemie begangen und die Legitimität der Araber, der *Scherifs*, der direkten Nachfahren des Propheten, geschwächt, die muslimische Welt und später die ganze Welt zu regieren. Eine Legitimität, die ihnen vom Iran und der Türkei[***] streitig gemacht wird – ebenso wie vom Daesh, einem Rumpfkalifat, das von einem Haufen gesetzloser Bastarde gegründet wurde – und die ihnen eines Tages auch vom mächtigen Europa streitig gemacht werden könnte, falls es, warum auch immer, das Christentum aufgibt und musli-

---

[*] Abu Bakr (632-634), Omar (634-644), Uthman (644-656), Ali (656-661), die als die *Rashidunischen* Kalifen, die *Rechtgeleiteten*, bezeichnet werden, weil sie mit dem Propheten verwandt waren und zu seinen frühen Gefährten zählten. Das von ihnen gebildete Reich umfasste die arabische Halbinsel, Palästina, Mesopotamien, Ägypten, Persien, den Kaukasus, Nordafrika und Zypern.
[**] Die Kalifen der Umayyaden (661-750), Abbasiden (750-1258) und Osmanen (1299-1924).
[***] Durch den Iran seit der Entstehung der Schia nach der Ermordung von Hussein, dem Enkel des Propheten, durch die Sunniten in Mekka und durch die Türkei seit der Gründung der osmanischen Dynastie im Jahr 1299.

misch wird. Hier und da, in Frankreich, Großbritannien, Belgien, Italien und Spanien, wo es große muslimische Gemeinschaften gibt, sind in diese Richtung gehende, träumerische, selbstbewusste und immer besser organisierte Stimmen zu vernehmen.

Die Islamisierung und der Aufstieg des Islamismus sind ein religiöser Fakt in dem Sinne, dass jede Religion natürlich dazu neigt, sich durch Predigen, Auswanderung oder Eroberung zu verbreiten, sich zu vergemeinschaften und zu radikalisieren, um sich vor äußeren Einflüssen zu schützen, und das Gebiet, in dem sie die Mehrheit stellt oder auf das sie irgendeinen historischen Besitzanspruch* erhebt, letztendlich allein beherrschen zu wollen. Sie sind zugleich auch ein politischer Fakt in dem Sinne, dass der Islam auch ein Regierungssystem ist, eine Lebensweise und ein Rechtskodex, der gleichzeitig gemeinschaftlich, universell, globalistisch, konservativ, modernistisch, egalitär und elitär, wirtschaftlich liberal und kapitalistisch, sozialistisch und wohltätig gegenüber den Armen und strategisch imperialistisch sein soll. Aufgrund seiner Merkmale passt er ziemlich gut in das politisch-kulturelle Schema der USA, die militaristisch, kapitalistisch, evangelikal und im Innern ein Wohltäter sind. Der Islam passt weniger zu Europa, wo die Demokratie, die sich vor allem als aktiver Humanismus versteht, ein sehr hohes normatives Niveau erreicht hat und quasi eine aristokratische humanitäre Ordnung geschaffen hat. Ein europäischer Demokrat ist nicht wer will. Es sind die Blaublüter in der x-ten Generation und einfache Leute, die von der Gnade ergriffen wurden und alle Ritterprüfungen bestanden haben. Die Integration verlangt von einem Ausländer muslimischen Glaubens, dass er alle seine

---

* Dies gilt für Spanien, Sizilien und Zypern, die jahrhundertelang Teil des muslimischen Reiches waren.

Überzeugungen aufgibt, mit dem Risiko, sich mit sich selbst und seiner Gemeinschaft auseinandersetzen zu müssen, die ihn ablehnen, exkommunizieren und vielleicht sogar töten wird. Es ist einfach nicht vorstellbar, dies zu verlangen, wenn man bedenkt, dass es die zwingende Pflicht eines jeden Muslims ist, seine Nachbarn zum Islam zu bekehren und sich nicht von ihnen verführen zu lassen.

Das andere Phänomen ist das Vordringen der „arabischen" oder „islamischen Straße" in die internationale Politik, durch Demonstrationen, die wegen ihrer übertriebenen Hysterie erschreckend sind und von den islamischen Medien und sozialen Netzwerken geschickt weitergeleitet und verstärkt werden. Das Phänomen wurde von mehreren aufeinanderfolgenden Ereignissen ausgelöst, die zu ihrer Zeit die Welt schockiert hatten. Das erste ereignete sich 1979 während der Islamischen Revolution im Iran, als eine nie zuvor gesehene, entfesselte Menschenmenge die US-Botschaft in Teheran stürmte, was mit dem Tod von acht Menschen und einer 444 Tage dauernden Geiselnahme von 52 US-Diplomaten endete. Mit dieser einen Tat hat die „Straße" der ganzen Welt die Islamische Republik Iran aufgezwungen, und seitdem wagt es niemand mehr, ohne ihre Zustimmung auch nur in ihre Richtung zu blicken. Diese Vergewaltigung war eine schreckliche Demütigung für Amerika; Amerika hat sie bis zum heutigen Tag ertragen, ohne je die iranische Führung dafür zur Rechenschaft ziehen zu können. Der Anschlag vom 11. September hat die USA nicht so sehr verletzt, denn er wurde als Kriegsakt betrachtet, auf den die USA mit einem Kriegsakt der Stärke 1000 antworteten, wie es Armageddon für die Könige der Erde war, nämlich der totalen Zerstörung des Irak und Afghanistans, und später, um die Sache zum Ende zu bringen, der Hinrichtung von Usama Bin Laden, Anstifter des Anschlags und oberster Anführer von Al-Qa'ida. Und die Menschenjagd wird auf der ganzen Welt fortgesetzt, um jede Terrororganisation zu enthaupten, die Amerika bedroht.

Das zweite Ereignis folgte auf zwei Vorfälle, die die „arabische Straße" zum Anlass für Machtdemonstrationen nahm, in einem Ausmaß, das die Welt in Angst und Schrecken versetzte. Der erste war im Jahr 2004 die Premiere des Films *Submission*[*] in Amsterdam, der als entehrend gegenüber dem Islam und den Muslimen angesehen wurde; der zweite war die Veröffentlichung von Mohammed-Karikaturen durch die dänische Zeitung *Jyllands-Posten*, Karikaturen, die von allen Muslimen der Welt als blasphemisch angesehen werden und die von der französischen Satirezeitung *Charlie Hebdo* übernommen wurden. In diesem Zusammenhang wurde klar, dass die „arabische Straße" oder „islamische Straße" ihren Status geändert hatte, sie hatte sich eine sagenhafte religiöse, moralische, gesetzgeberische und gerichtliche Macht angeeignet, die allen gesetzlichen Gerichtsbarkeiten überlegen war. Die „arabische" oder „islamische Straße" demonstriert nicht, sie fordert nicht, sie ist der Zorn Gottes, sie ist sein Parlament, sie erlässt Gesetze und Dekrete, sie ist sein Gericht, sie richtet und verurteilt, sie ist seine Armee, sie lässt das Urteil durch einen der ihren vollstrecken, einen Mann von der Straße, der es als Ehre ansieht und mit Bereitschaft akzeptiert, bei seiner Mission mit der Waffe in der Hand zu sterben, denn der Soldat Allahs kann nicht wie ein gewöhnlicher Verbrecher verhaftet und wegen Mordes verurteilt werden, oder wie ein gewöhnlicher Revolutionär wegen eines Terroranschlags. Der niederländische Filmemacher wurde in kanonischer Form von einem

---

[*] Kurzfilm unter der Regie von Theo Van Gogh, geschrieben von Aayan Hirsi Ali (niederländisch-amerikanische Politikerin und Schriftstellerin somalischer Abstammung).

marokkanisch-niederländischen Islamisten hingerichtet[**], der sein Totengebet verrichtete, bevor er handelte, und laut „*Allah Akbar!*" schrie; und in Paris wurden zwölf Menschen, darunter acht Journalisten von *Charlie Hebdo*, von zwei französischen Islamisten nordafrikanischer Herkunft hingerichtet[***], die wie die anderen in die Ehrenliste der Märtyrer Gottes aufgenommen wurden.

Diese Vorfälle haben gezeigt, dass die Europäer angesichts der „arabischen Straße" hilflos sind; und die „arabische Straße", die zu einem Hauptakteur in der islamistischen Geostrategie geworden ist, hat das verstanden, und sie treibt seitdem mit ihrem Zorn, ihren Sentenzen und ihren Strafen, die brühwarm dem Koran entnommen sind, Hadithen oder Ad-hoc-Fatwas, die islamische Sache in die Richtung voran, die die Drahtzieher des messianischen Programms zur Islamisierung der Welt – Arabien, Katar, die Türkei, der Iran sowie alle muslimischen Staaten der Welt, jeder nach seinem Maß und seinen Mitteln – anstreben. Die Methode ist nicht so neu, sie ist so alt wie die Welt, religiöse Menschen haben sie schon immer praktiziert; „*Gott will es*", riefen die Kreuzritter und Kolonialherren, als sie auf ihrem Weg zum Heil und zur Kriegsbeute Angst und Schrecken verbreiteten. Auch Zivilisten haben Pogrome, Vergeltungsaktionen und öffentliche Lynchjustiz häufig eingesetzt. Natürlich waren auch die Politiker nicht untätig. In ihrer Blütezeit hatten vor allem Kommunisten und Trotzkisten sie zu einer tödlichen Waffe gemacht, um ihre Forderungen gegenüber den Behörden durchzuset-

---

[**] Theo van Gogh erhielt zehn Messerstiche in den Bauch, wurde anschließend aufgeschlitzt und der Mörder stach ihm die beiden Messer, mit denen er gewirkt hatte, in die Brust.

[***] Die Mörder schossen ruhig mit Maschinengewehren auf die Journalisten, wie es ein rechtmäßig zusammengestelltes Erschießungskommando getan hätte.

An den

MERLIN VERLAG
Gifkendorf 38

21397 Vastorf / OT Gifkendorf

Ich entnahm diese Karte dem Band _____

Ich interessiere mich für

- [ ] eine aktuelle Vorschau
- [ ] einen Gesamtprospekt
- [ ] Prosa
- [ ] Lyrik
- [ ] Merlins Schmökerecke
- [ ] Indigene Literaturen
- [ ] Werkausgabe Jean Genet
- [ ] die Bibliothek de Sade
- [ ] Theaterliteratur
- [ ] Magie und Okkultismus
- [ ] Geschichte und Politik
- [ ] Biographien und Briefbände
- [ ] Künstlerbücher und Bibliophile Ausgaben
- [ ] Originalgrafik
- [ ] Janosch

Name _____
Beruf _____
Anschrift _____

Telefon _____
E-Mail _____ *

* Bitte beachten Sie den umseitigen Datenschutzhinweis!

Den MERLIN VERLAG gibt es seit 1957. Namenspatron ist der keltische Magier Merlin, Vater der Tafelrunde des Königs Artus – Inbegriff elitären ethischen Engagements. So ein Vorbild verpflichtet.

In sechs Jahrzehnten sind viele hundert Bücher unter dem Signet des legendären Zauberers erschienen. Nicht alle sind noch lieferbar, aber auf alle trifft zu, was die Redaktion der „Welt der Literatur" schon 1965 feststellte:

„Eines sollte der Bücherfreund wissen, wenn er in der Buchhandlung stöbert:

Ein Buch des Merlin-Verlages bietet in jedem Fall Literatur."

Die Buchhandlungen, in denen zu stöbern sich lohnt, werden immer seltener; um so nötiger wird es, den anspruchsvollen Leser vom Verlag aus zu informieren. Bitte kreuzen Sie auf der Rückseite an, für welches Gebiet Sie sich interessieren, und schicken Sie die Karte zurück.

* Ihre personenbezogenen Daten (Name, Beruf, Anschrift, Telefon, E-Mail-Adresse) erheben wir nur in dem von Ihnen zur Verfügung gestellten Umfang. Die Datenverarbeitung dient dem Zweck der Information über unser Verlagsprogramm. Mit dem Absenden dieser Karte willigen Sie in die Verarbeitung der übermittelten Daten ein. Die Verarbeitung erfolgt auf Grundlage des Art. 6 (1) lit. a DSGVO mit Ihrer Einwilligung. Sie können Ihre Einwilligung jederzeit durch Mitteilung an uns widerrufen, ohne dass die Rechtmäßigkeit der aufgrund der Einwilligung bis zum Widerruf erfolgten Verarbeitung berührt wird. Eine Weitergabe an Dritte für Werbezwecke erfolgt grundsätzlich nicht.

zen. *„Billancourt darf nicht zweifeln"*, sagte Sartre und rief seine Kollegen dazu auf, den Aktivisten der PCF und der CGT die Wahrheit über die Verbrechen des Sowjetregimes, die stalinistischen Prozesse, den Gulag, die psychiatrischen Krankenhäuser, die organisierten Hungersnöte zur Finanzierung des Wettrüstens, die Repressionen in Polen, der Tschechoslowakei und in Ungarn zu verschweigen. Es ging darum, ihren Glauben an das kommunistische Ideal, ihr Festhalten an der Parteilinie, ihre inbrünstige Zuneigung zu den geliebten Führern, ihre Bewunderung für die Intellektuellen und Künstler vom Dienst, die die traurige Zukunft, die die Parteiapparatschiks für sie bereithielten, so schön zu verzaubern wussten, zu bewahren. Kein Mitleid mit Krawtschenko, Camus, Aron und all den anderen, die sich gegen die Lügen stellten und eine aufrechte Haltung befürworteten. Heute sind es die Vorstädte, die dem islamistischen Ideal verfallen sind, die man nicht zweifeln lassen darf, indem man ihnen die Verbrechen aufzeigt, die im Namen des Islams in der Welt begangen werden. Keine Angst, das tut niemand, außer den Whistleblowern, aber wer hört in unserer von Werbung und Fake News übersättigten Zeit schon diese Schreihälse, die durch die Straßen rennen und wie verrückt Feuer schreien. Das ist übrigens nicht erst seit heute so. Schon in den Jahren 1780–1790 sagte der moralistische Dichter Nicolas de Chamfort: *„In Frankreich lässt man diejenigen in Ruhe, die das Feuer anzünden, und verfolgt diejenigen, die die Sturmglocke läuten."* Wenn das in Frankreich zutrifft, muss es überall in Europa so sein, was ich übrigens nachprüfen konnte.

Nach und nach hat sich eine *„politische Korrektheit"* etabliert, die ein *„Zusammenleben"* in der besten aller möglichen Welten fördern soll. Zu allen Zeiten wurden der Laizismus und die Völkerfreundschaft besungen, allerdings in einem „Unter-unsbleiben", das ihre Reichweite drastisch einschränkt. Am Ende wurden keine positiven Ergebnisse verzeichnet, das Zusammenleben blieb das Getrenntleben in Misstrauen, Angst und Streit. Da die Islamisten nur auf sich selbst und ihre Anführer hörten, setzten sie ihre Unterminierungsarbeit fort und verstärkten die Bewachung rings um ihre Gebiete. Auf der Gegenseite hat sich die politische Korrektheit in ein ständiges Gericht über die Sprache verwandelt und erhebt sich nach und nach zum Gerichtshof gegen das Denken. Souvenir, Souvenir!

In Wahrheit haben die Diskurse, die in diesen Nebelmanövern entwickelt wurden, die Situation tödlich verschlimmert, ganz einfach, weil man die Tür, um das Gespräch auf der einen Seite zu öffnen, auf der anderen Seite geschlossen hat. Es ist ein Nullsummenspiel, das wir in Gang gesetzt haben. Damit die Predigten der politischen Korrektheit und des glücklichen Zusammenlebens hörbar und überzeugend sind, hat man die freie Meinungsäußerung verboten und jedes unpassende Wort zum Anlass für Hexenprozesse genommen, um diejenigen zu knebeln, die zu denken wagen, dass das *Zusammenleben* unter der Herrschaft der *politischen Korrektheit* ein Gefängnis ist, so wie der richtig verstandene Kommunismus ein eiskalter Gulag für die falschen Genossen war. Alles ist gut, um diejenigen zu terrorisieren, die die Wahrheit und Richtigkeit lieben: Islamophobie, Rassismus, Aufstachelung zum Hass, Beleidigungen, Verleumdung. Den einen wird die Rolle der Bösewichte vor dem Herrn zugewiesen, den anderen die Rolle der ewigen Opfer, die in den Genuss einer gerechten Entschädigung kommen sollen. Auf diesem Weg liegen Zwietracht und Bürgerkrieg. Und da dieser Weg kein Ende hat, geht man zurück zu Gott, den man beschuldigt, die Erde mit seiner Armee von Engeln kolonisiert und seine Religion und seinen Kult den beiden einzigen Bewohnern des Planeten, Adam und

Eva, aufgezwungen zu haben, die weder Gut noch Böse kannten, sondern nur das kindliche Vergnügen, von Tag zu Tag in Harmonie mit dem Ökosystem zu leben.

Aber wir wollen nicht kritisieren, Regierungen regieren wie sie können, oft gegen sich selbst. Sie mussten etwas Unpopuläres tun, um den Eindruck zu erwecken, dass sie verstanden hatten, was der Durchschnittsbürger nicht ahnen konnte, um zu zeigen, dass alles unter Kontrolle war und dass das eigentliche Ziel bald erreicht sein würde. *„Wenn uns die Ereignisse über den Kopf wachsen, sollten wir so tun, als seien wir selbst die Organisatoren"*, sagte Georges Clémenceau, und zweifellos wusste dieser große Mann sehr genau, wie man vorgeht. Er hat nicht von ungefähr den Beinamen *„Ministerien-Stürmer"*, *„Tiger"* und *„Vater Sieg"* erhalten.

Die westlichen Regierungen sind natürlich besorgt über diese Entwicklung des Islams, der vorherrschenden Religion[*] in der künftigen Welt, und über die ebenso unverhältnismäßigen wie irrationalen Reaktionen seiner Anhänger, wenn sie auf die Straße gehen. Und sie sind zunehmend besorgt, denn was gestern noch hinter dem Horizont stattfand, spielt sich heute unter den Balkonen ihrer Ministerien ab. Sie haben so reagiert, wie sie es immer getan haben, wenn der Notfall eingetreten ist und sie überfordert: abwarten und schauen, *wait and see*, und noch mehr Wahlkampfreden mit vielen schönen Versprechungen halten, es wird sicher die eine oder andere geben, die die Aufmerksamkeit auf sich zieht und einen Konsens herstellt, damit ein Ausweg aus der Krise gefunden wird.

Doch ein Unglück kommt selten allein, das Unglück neigt vielmehr dazu, sich zu vermehren, das ist ein Naturgesetz.

---

[*] Laut dem Pew Research Center gab es 2015 auf der Welt 1,6 Milliarden Muslime und 2,1 Milliarden Christen. Im Jahr 2050 werden beide Religionen gleichauf sein, mit jeweils 2,8 Milliarden Gläubigen.

Andere Phänomene, die ebenfalls kaum sichtbar waren, bevor sie aufgetreten sind, haben ihre zerstörerischen Auswirkungen zu den ohnehin tödlich schädlichen Auswirkungen hinzugefügt, die die Explosion des Islamismus und die fatalen Turbulenzen auf der „arabischen Straße" hatten. Es gab den Arabischen Frühling, der in einem islamistischen Winter endete, es gab die massiven Ströme von Migranten, die aus brennenden Ländern im Nahen Osten, im Maghreb und in Afrika nach Europa strömten, es gibt den Kohlendioxidkrebs, der die Erde in einen Ofen verwandelt, es gibt das tausendjährige China, das auf dem Weg ist, die Welt mit schönen Seilen aus reiner Naturseide zu erwürgen.

Ernsthafte Beobachter sehen darin mehr als den Zusammenbruch einiger armer Länder, sie sehen darin die Anzeichen für den Zusammenbruch der gesamten menschlichen Zivilisation. Der Mensch ist am Ende, weil er es nicht geschafft hat, auf sich selbst, seinen Lebensraum und seine Nachkommenschaft zu achten; er hat es nicht geschafft, die Götter davon abzuhalten, von ihrem Olymp hinab zu steigen und ihn zu kolonisieren und aus seinen häuslichen Angelegenheiten Spiele für die Götter zu machen. Hannah Arendt hat zu Recht gesagt: *„Die Welt wird unmenschlich, ungeeignet für menschliche Bedürfnisse – die Bedürfnisse von Sterblichen sind –, wenn sie in eine Bewegung gerissen wird, in der es keine Art von Beständigkeit gibt."* In dieser Angelegenheit stellt Gott nichts Beständiges dar, er ist verbraucht, er hat nichts mehr zu geben, seine Zeit auf der Erde ist vorbei, nicht weil er plötzlich sterblich geworden wäre. Er ist am Ende, weil wir, die Menschen, die ihn geschaffen haben, am Ende sind, zu alt, bereits senil, um große Mythen aufrechtzuerhalten, die Gesellschaften begründen, die in der Gegenwart zu Größe und in der Zukunft zu kühnen Konstruktionen fähig sind. Die eigene Überalterung und die damit einhergehende Handlungsunfähigkeit sollten den Westen und uns dennoch aufhorchen lassen. Der Westen stellt 80% der Macht und des Reichtums der Welt dar und leistet den Großteil der Hilfe für die armen Länder. Sein Tod ist der Tod der Menschheit. Er muss entweder schnell wieder Kinder zeugen, um sich selbst in gerader Linie nachzufolgen, oder er muss massiv Kinder importieren und sie auf seine Nachfolge vorbereiten, bevor sie sich bewusst werden, dass sie ihn ersetzen können, und zwar ohne sich dabei anstrengen zu müssen, ihm ähnlich zu werden. Es ist ein Fakt, dass das Erbe ohne organisierte Weitergabe verloren geht. Nichts ist grausamer als die Haltung eines Kindes gegenüber seinen Eltern, wenn es zu ahnen beginnt, dass sie es in einem tropischen *Souk* für wenig Geld gekauft haben oder es in einem anonymen Bauch in Afrika oder Indien aus embryonalen Stammzellen, die aus China importiert wurden, herstellen ließen. Auch daran leidet die Menschheit, an der unglaublichen Undankbarkeit der Kinder. Nur die Eltern können es noch schlimmer machen. Und unsere Götter, die das Werk vollenden. Verdammt, was haben wir für eine Welt geschaffen! Wir müssen das sehen und uns Gedanken machen über unsere eigene Verantwortung.

In *La Condition humaine* hatte André Malraux 1933, ein Jahrhundert vor uns, die Aufmerksamkeit seiner Zeitgenossen auf die beiden großen Umwälzungen gelenkt, die die Menschheit bald erleben würde; er benannte sie und legte damit einen aus heutiger Sicht unvorstellbaren Mut an den Tag: die brutale Rückkehr des Religiösen und der Aufstieg Chinas zur Macht. Was für eine Vorahnung! Vielleicht wäre es an der Zeit, die Augen zu öffnen und die Nachbarn aufzuwecken. Aber manche meinen, es sei zu spät. Der Wendepunkt ist erreicht worden, als obskure Individuen das Internet und soziale Netzwerke erfanden – zu sozial, um eine echte Gemeinschaft zu schaffen – und die Völker der Erde zu ihrer Beglückung einluden, ihnen ihr Leben und ihre Geheimnisse anzuvertrauen – ohne dafür das Haus verlassen zu müssen und umsonst, abgesehen natürlich von den Kosten für den DSL-Vertrag und den paar geopferten Stunden pro Tag, in denen man sich dumme Werbung ansieht. Von diesem Moment an sind wir in das gnadenlose Universum der Großen Zahlen eingetreten. Was an einem bestimmten Ort geschieht, wird im nächsten Moment an jedem Ort des Universums wiedergegeben. Und es wird sich mit Lichtgeschwindigkeit in einer Endlosschleife drehen, bis zum Ende der Zeit. Wo befinden wir uns im Netz, wie finden wir uns zurecht? Was bedeuten die Verben „denken", „glauben" und „beten", wenn sie vom Computer verarbeitet werden? Weiß er, dass wir auf der anderen Seite des Bildschirms über unsere Tastaturen gebeugt sind? Oder sind wir für ihn nur Stimmen in der Wüste, in Bits und Qubits digitalisierte Stimmen, die keinem menschlichen Gesetz gehorchen? Was kann anderes aus dieser Phantasmagorie hervorgehen als Computerfehler, Pleiten, Selbstmorde, unsinnige und gefährliche Modeerscheinungen, vielleicht neue Religionen. Denn es wird immer Menschen geben, die virtuelle Welten erschaffen, und andere, die dort Plattformen für den Verkauf von Schrott, Wunderpulver und Fake-News einrichten.

Wo stehen wir neun Jahre nach der Erstveröffentlichung von *Allahs Narren*? Lesen Sie das Buch oder lesen Sie es erneut, denn in diesem Text finden sich genügend Elemente, damit jeder seine eigene Antwort auf die quälende Frage nach dem Islamismus finden kann, der in weniger als einer Generation die Welt in zwei Teile gespalten hat, ohne dass man weiß, welche unüberwindbare Grenze sie voneinander trennt und welche vitalen Interessen sie gegeneinander aufbringen. Sie zu versöhnen scheint jedoch weder möglich noch wünschenswert, denn der Frieden wird auf Kosten der naiven und friedlichen Menschen gehen, ohne die Möglichkeit, Rechtsmittel einzulegen; denn die politische Korrektheit gilt für die beiden Seiten nicht in gleicher Weise. Im Moment wäre das Wichtigste, Gott aus der Falle zu befreien, in die ihn „*diejenigen, die an den Himmel glauben, und diejenigen, die nicht an den Himmel glauben*"*, getrieben haben. Eine allgemeine Atheismus-Kur auf Erden würde uns sehr gut tun.

Beim erneuten Lesen von *Allahs Narren* habe ich festgestellt, dass etwas in meiner Argumentation fehlte. Ich habe nicht genug darauf hingewiesen, welchen Platz Mohammed in der Dramaturgie des Islams und in den Herzen der Gläubigen einnimmt. Dabei ist alles da. Für die Muslime, die eine bescheidene Sicht der Dinge haben, die große Mehrheit, deren Glaube der abrahamitischen Linie folgt, ist Mohammed ein Mensch wie sie, ein einfacher Mensch, den Gott wegen seiner schönen menschlichen Qualitäten auserwählt hat. „*Ich kann nicht lesen, ich bin Analphabet*", antwortet er dem Engel Gabriel, der ihm eines Tages erscheint, ihm den Koran reicht und ihn dreimal auffordert: „*Lies! ... Lies! ... Lies! ...*" Da er nicht lesen kann, liest der Engel für ihn und kommt jeden Tag, zwanzig Jahre lang, und liest ihm diesen Vers, jene Sure ins Ohr, immer mit dem richtigen Sinn. Er lehrt ihn, dass Allah ihn auserwählt hat, den Menschen eine ganz einfache Botschaft zu überbringen: „*Tue Gutes und du kommst nach deinem Tod ins Paradies, beharre auf dem Bösen und du kommst in die Hölle. Stellt euch darauf ein!*" Einfache Muslime lieben einen so einfachen Propheten.

Aber Mohammed war nicht nur Prophet, er war auch ein

---

* Kleine Anspielung auf das Gedicht *Rose und Reseda* von Louis Aragon. Er war zwar überzeugter Kommunist, aber ein so großer Dichter, dass man über seine politischen Überzeugungen hinwegsehen kann.

Kriegsherr, der seine Reiter selbst in die Schlacht führte, der grausam sein konnte und sich hemmungslos des Terrors bediente, um seine Feinde zu brechen, der es liebte, Raubzüge zu unternehmen, Beute zu machen und seinen Harem zu bereichern. Er war ein Staatsoberhaupt, das die Macht und den Rausch, den sie bietet, liebte, ein König, der sich mit einem ihm ganz ergebenen Hofstaat umgab, den *Sahabas*, den Gefährten, er war ein Eroberer, der es verstand, den Islam und die Scharia, die er nach den Bedürfnissen der Zeit organisierte, zu furchterregenden Waffen zu machen. Seine Leidenschaft für Frauen führte zu einer umfangreichen Literatur, die ihren Lesern keine Übertreibung erspart.

Die Bindung der Muslime an ihren Propheten ist so groß und so stark, dass sie sich in allem von ihm bestimmen lassen, von dem, was er getan hat, was er gesagt hat, was er sagen oder tun könnte, falls er zurückkäme. Jeder bezieht sich auf eine andere Komponente seiner faszinierenden Persönlichkeit, den einfachen Mann, den Mystiker, den Gottesnarren, den gerissenen Politiker, den furchtlosen Krieger, den brutalen und grausamen Eroberer, den kompromisslosen Moralisten, den gnadenlosen Richter, den Schlächter der Götzendiener, der Christen und der Juden. Je nachdem, was er von ihm annimmt, wird sich der Gläubige irgendwo zwischen einem gutmütigen Muslim und einem verrückten Dschihadisten befinden. Wird der Gott Abrahams die Seinen wiedererkennen, sollte er jemals zu uns zurückkehren?

I. Algerien, vom Kolonialismus zum Islamismus – Betrachtungen eines Zeitzeugen

Der vorliegende Essay handelt vom Aufkommen des Islamismus in der Arabischen Welt. Dabei verfolge ich keine andere Ambition als eben jene eines Schriftstellers, der ein Thema aufgreift und versucht, sich ihm auf eine *eigene*, sagen wir literarische *Weise* zu nähern: mit seiner ganzen Subjektivität, aber dennoch in der Hoffnung, dass seine subjektive Sicht auf die Dinge eine ganz *eigene Wahrheit* birgt. Gleichwohl wird hier keinerlei „künstlerische Unschärfe" angestrebt – jede Art von Weichzeichner wäre bei diesem Thema fehl am Platz –, sondern eine Betrachtung aus einem spezifischen Blickwinkel heraus, welche die meines Erachtens zentralen Punkte erhellt.

Da ich weder Philosoph noch Historiker bin, möge man im Folgenden keine akademische Abhandlung und auch kein Husarenstück des investigativen Journalismus von mir erwarten, geschweige denn den Expertenbericht eines Islamismus-Gelehrten oder gar eine islamwissenschaftliche Studie. Mein Text gibt die Betrachtungen eines Zeitzeugen wieder, eines Menschen, dessen Heimatland, Algerien, schon sehr früh Bekanntschaft mit dem Islamismus geschlossen hat, einem dort zuvor gänzlich unbekannten Phänomen.

Wir sahen mit an, wie er in den 1960ern, kurz nach der Unabhängigkeit, bei uns Einzug hielt. Damals lagen gerade 132

Jahre französischer Kolonisation hinter uns und ein Befreiungskrieg, der acht fürchterliche Jahre (1954-1962) lang getobt und Hunderttausende von Menschen das Leben gekostet hatte.

Diesen religiösen Wind brachten ungemein diskrete Prediger aus dem Orient zu uns. Mehrheitlich waren sie Mitglieder der Muslimbruderschaft und in ihren Herkunftsländern brutaler Verfolgung ausgesetzt. In Ägypten war Sayyid Qutb, Chefideologe des radikalen und militanten Islamismus der Muslimbrüder, auf Befehl von Präsident Nasser gerade zum Tod durch den Strang verurteilt und hingerichtet worden; in Syrien machte Präsident Hafiz al-Assad ihnen schon damals das Leben schwer und schreckte später, im Jahr 1982, nicht davor zurück, die Stadt Hama, Hochburg der Muslimbrüder, gänzlich zu zerstören; im Irak übte die säkulare Baath-Partei absolute Kontrolle über die Gesellschaft aus; in Jordanien unterdrückte König Hussein hemmungslos Palästinenser und Islamisten zugleich, und im Südjemen war eine marxistisch-leninistische Partei an der Macht, die für die islamischen Geistlichen, wie diese uns später berichteten, nur allergrößte Abscheu hegte. Unter die diskreten mischten sich andere, noch viel diskretere Prediger, die Wahhabiten. Sie wurden von Saudi-Arabien, Hüter der Heiligen Stätten des Islam, ausgesandt, um unserem bedauernswerten Land, das so lange Zeit unter dem kolonialen Joch der Franzosen, säkularisierter, rationalistischer Christen, hatte leben müssen, den Islam ein wenig näher zu bringen.

Wir empfingen sie freundlich, amüsierten uns wohl auch ein wenig über ihr folkloristisches Outfit, ihre beflissene Frömmigkeit, ihr süßliches Getue und den brausenden Donnerhall ihrer Predigten voller Magie. Sie boten ein ungewohntes Schauspiel im revolutionären, von Entwicklungseuphorie beseelten sozialistischen, bis ins Mark materialistischen Algerien jener Zeit, dessen Hauptstadt von den Fortschrittsgläubigen aller Welt als *„Mekka der Revolutionäre"* bewundert wurde. Tagein, tagaus hieß Algier mit großer Inbrunst die Helden jener Epoche willkommen: die Kubaner, Che Guevara und Fidel Castro, liebevoll *„Los Barbudos"* genannt; den legendären General Giáp, Sieger der Schlacht von Diên Biên Phu, schon damals ein Mythos; Gamal Abdel Nasser, den Wortführer des auftrumpfenden Panarabismus; Mehdi Ben Barka, den marokkanischen Panafrikaner und Chef der damaligen Trikont-Bewegung, der die Revolution auf drei Kontinenten vorantrieb; Nelson Mandela, der später der Apartheid den Garaus machen und erster Präsident Südafrikas werden sollte; die *Black Panthers* mit dem berühmten Eldridge Cleaver und die *Black Muslims* inklusive des berüchtigten Malcolm X, in muslimischen Kreisen eher als El Hajj Malik el-Shabazz bekannt, damals noch Mitglied der turbulenten *Nation of Islam*, deren Ziel die Zerschlagung des weißen, imperialistischen Amerika war. Oder aufregend verrufene Aufrührer wie Ilich Ramírez Sánchez, genannt Carlos alias „der Schakal", jener unauffindbare Weltterrorist und unverbrüchliche Freund der PLO, unserer Brüder von der palästinensischen Befreiungsorganisation, denen Algerien seine geballte antiimperialistische, antikolonialistische und antizionistische Unterstützung zukommen ließ. Von brüderlicher Solidarität beseelt, nahm Algerien auch die Kämpfer der IRA (Nordirland), des FLNC (Korsika) und der ETA (Baskenland) bei sich auf, desgleichen die Gegner Francos und Salazars und jene des griechischen Obristenregimes. (Und hier in Algier hat Costa-Gavras denn auch mit logistischer Unterstützung durch die Nationale Volksarmee im Frühjahr 1968 seinen berühmten Film „Z" gedreht, der die Militärdiktatur in Griechenland an den Pranger stellt, mit Yves Montand, damals Mitglied der kommunistischen Partei Frankreichs, und dem schönen Jean-Louis Trintignant in den Hauptrollen; und mit Jorge Semprún als Drehbuchautor, dem Helden des spanischen Bürgerkriegs und Widerstandskämpfer des Zweiten Weltkriegs, der den Todeslagern der Nazis entronnen war und unter Felipe Gonzalez später Kulturminister der ersten spanischen Regierung nach Franco werden sollte.) Nicht zu vergessen all jene, die die algerischen Revolutionäre während des Algerienkriegs couragiert unterstützt hatten, unter ihnen die sogenannten Kofferträger, die das von der FLN, der algerischen Nationalen Befreiungsfront, bei den algerischen Emigranten in Frankreich requirierte Geld über die Schweizer Grenze brachten. Sowie jene, die wir nur die *Pieds-Rouges* nannten, die „Rotfüßler", weil sie gewissermaßen die Nachfolge der nach Frankreich geflüchteten *Pieds-Noirs* antraten, der „Schwarzfüßler", wie die Algerienfranzosen bei uns hießen; Rotfüßler deshalb, weil sie Sozialisten waren und sich brennend für das Experiment des selbstverwalteten Sozialismus nach Titos jugoslawischem Modell interessierten, das die erste Regierung des unabhängigen Algerien unter dem waghalsigen Ahmed Ben Bella durchführte. All diese Leute kamen nach Algier gepilgert, um dort Zuflucht zu suchen, Finanzhilfe zu erbitten, von der FLN die Kunst des revolutionären Kampfes zu erlernen oder auch nur die romantische Luft „Algiers, der weißen Stadt", zu atmen und gemeinsam mit anderen politischen Aktivisten, die für die Befreiung der unterdrückten Völker kämpften, Party zu machen – denn auch die Helden sind bisweilen müde und bedürfen der Erholung.

Wir waren derart beschäftigt mit unseren fortschrittlichen Aktionen und unseren historischen Gedenk- und Gedächtnisfeiern (denn zu alledem hatten wir auch unsere eigenen Helden und Märtyrer zu ehren), dass wir die Woge bigotter Frömmelei kaum bemerkten, die da aus dem mysteriösen Orient zu uns herüberschwappte – den wir nur aus dem ägyptischen Kino und den wundervollen Chansons von Fairuz und Umm Kulthum kannten – und sie allenfalls mit herablassender Distanz zur Kenntnis nahmen.

Einige Jahre später entdeckten wir unversehens, dass dieser Islamismus, der uns so armselig und kläglich erschienen war, sich über das Netz der Märkte und Moscheen, von wo aus er seine Predigten und Lehrwerke unters Volk brachte, im ganzen Land ausgebreitet und die Herzen der Menschen erobert hatte. Vor allem der Jugend hatte er es angetan, die sich von der engen, perspektivlosen Welt, die der herrschende bürokratische Sozialismus ihr in Aussicht stellte, längst abgewandt hatte. Nun bewunderten wir die Kraft, die im Blick dieser *„Narren Allahs"* lag und die imstande schien, Berge zu versetzen. Dann erlebten wir, wie die Liste ihrer sozialen und kulturellen Forderungen immer länger wurde, welche aus einer Vielzahl sehr genau ausformulierter Verbote und Verpflichtungen bestand, die das verunsicherte Regime, dem im Lauf der Jahre der revolutionäre Elan und die heroische Aura abhandengekommen waren, sich mit empörender Eilfertigkeit zu eigen machte – eine Taktik, die das Land in einen Zustand mentaler Rückschrittlichkeit abgleiten ließ, welcher unabsehbare Gefahren in sich barg. Es war auch das Aus für den revolutionären Geschlechtermix in unseren Studentenwohnheimen, das Aus für die luftige Mode, die unseren jungen Frauen so gut zu Gesicht stand.

Als dann im Februar 1979 der Schah gestürzt wurde und seine Träume von der Verwestlichung ein jähes Ende fanden, waren unsere Islamisten begeistert. Neiderfüllt verfolgten sie, wie den Iranern – Schiiten, in ihren Augen also Muslime zweiter Klasse – etwas gelang, das selber zu Lebzeiten auch nur ansatzweise zu verwirklichen, sie nicht hoffen konnten. Denn die arabische Welt hatte sich himmelweit von Religion und Tradition entfernt und war der sozialistischen Häresie verfallen.

In den Folgejahren erlebten wir, wie der Islamismus sich vor dem Hintergrund der angespannten weltpolitischen Lage zunehmend radikalisierte: durch die schmachvollen arabischen Niederlagen von 1967 und 1973 gegen Israel, auch durch die Golfkriege von 1990/1991 und 2003 (*Operation Iraqi Freedom* genannt), den Afghanistankrieg (seit 2001) und den Bosnienkrieg (1992-1995), für die er zahlreiche Freiwillige rekrutierte. (Seltsamerweise hat er das bis zum heutigen Tag nicht ein einziges Mal für Palästina getan, obwohl es in Gaza doch eine islamistische Partei gibt, die Hamas, die mit den Qassam-Brigaden über einen schlagkräftigen bewaffneten Arm verfügt.) Und heute ist der Islamismus, den gestern niemand kannte und der überall staatlicher Repression ausgesetzt war, ein globales Phänomen. Mit zwei Waffen, die er meisterlich beherrscht, hat er die Welt neu gestaltet: mit Predigt und Terror.

Wir sahen, wie er Ende der 1980er Jahre, im Hochgefühl seiner Macht, gewaltige Volksmassen mobilisierte und eine lärmende Miliz auf die Beine stellte, die auf unseren Straßen die Moral der Islamisten durchsetzte; wie er geheime Trainingslager in unseren Bergen und Wäldern aufbaute und eine „islamische Ökonomie" ins Leben rief; wie er massiv in karitative Aktivitäten investierte und die Rolle der staatlichen, völlig unfähigen Sozialdienste übernahm; wie er in den Stadtteilen, wo er das Sagen hatte, mit der Kriminalität aufräumte, dem Staat täglich durch wilde Streiks, unangemeldete Demos und Sit-ins die Stirn bot und eines Tages, als das Land infolge des dramatischen Verfalls der Weltmarktpreise für Öl im Chaos zu versinken drohte, zum Sturmangriff auf ein Regime blies, das über alle Maßen korrupt und beim Volk zutiefst verhasst war. Die Anspannung war extrem, die Stimmung explosiv. Die Straßen von Algier, die schon den Befreiungskrieg und das mit ihm verbundene Leid erlebt hatten, aber auch seinen Höhepunkt, die „Schlacht um Algier" (1957), vom italienischen Regisseur Gillo Pontecorvo so eindrucksvoll ins Bild gesetzt, waren bereit für den nächsten Horrorfilm.

Und eines Tages, am 5. Oktober 1988, explodierte Algier; es kam zum „Algerischen Frühling", der nach monatelangen Straßendemos und brutaler Repression mit Hunderten von Toten und Verschwundenen das Regime zum Einlenken zwang. Überstürzt wurden Reformen konzediert und vorgezogene Parlamentswahlen organisiert, bei denen die Islamisten haushoch gewannen. Aus dem Nichts heraus und in eklatantem Widerspruch zur Verfassung, die die Gründung politischer Parteien nach religiösen, ethnischen oder regionalen Kriterien untersagt, hatten sie sich in einer neuen Partei, der Islamischen Heilsfront (FIS), zusammengefunden und gleich im ersten Wahlgang gesiegt.

Die Armee fürchtete Säuberungsaktionen, die der radikale Flügel der FIS als Sofortmaßnahme gleich nach Amtsantritt angekündigt hatte, und annullierte die Wahlen, steckte die führenden Köpfe der Islamisten ins Gefängnis, erklärte den Ausnahmezustand und verhängte eine nächtliche Ausgangssperre. Die Anführer der Islamisten flohen ins Ausland, vor allem nach Deutschland und in die Schweiz, nach Großbritannien und Amerika, und die Gefolgsleute zogen sich in den Untergrund zurück, wo sie, von langer Hand vorbereitet, Verstecke, Waffen, Lebensmittelvorräte und Medikamente vorfanden. Die Islamisten waren optimistisch, sie vergaßen, dass die algerische Armee von Männern angeführt wurde, die schon einen Revolutionskrieg gegen Frankreich gewonnen hatten und denen es weder an Technik noch an Entschlossenheit mangelte. Das war im Januar 1992. Das Land stand am Anfang eines blutigen Bürgerkriegs, der ein finsteres Jahrzehnt lang dauern sollte – die sogenannte *décennie noire*.

Von den ersten Kampfhandlungen an begriffen wir, dass die Islamisten weder Regeln noch Skrupel kannten. Sie führten einen grauenvollen Krieg, attackierten in erster Linie Zivilpersonen, verschonten weder Frauen noch Kinder. Und die Armee, nicht minder hemmungslos, konterte mit ebenbürtiger Brutalität. Das Volk saß in der Klemme, wurde aufgefordert, Partei zu ergreifen. Ganze Dörfer wurden massakriert, angeblich wusste keiner von wem, Regierung und Islamisten beschuldigten einander gegenseitig. Die Bevölkerung jedoch täuschte sich nicht, sie wusste genau, welches Verbrechen, welche Lüge auf wessen Konto ging.

Die ganze Welt schaute zu bei diesem barbarischen Treiben, das von Monat zu Monat immer mehr einem Völkermord glich. Doch niemand griff ein, weder der UN-Sicherheitsrat noch irgendein Staat. In Algier hatten wir das Gefühl, wie in Klausur dem Ende der Welt beizuwohnen.

Wir stellten fest, dass die Islamisten großes Talent in Sachen Strategie und (inter)nationaler Kommunikation besaßen, weit mehr als die Regierung, die in ihrem bürokratischen Korsett feststeckte, vor allem aber darüber uneins war, wie der Islamismus zu behandeln sei. Sollte man ihn radikal ausmerzen, wie es die Hardliner in der Armee forderten, die sogenannten *éradicateurs*, die „Ausmerzer"? Oder mit ihm verhandeln, ihm einen Platz an der Macht einräumen, wie es jene Politiker befürworteten, die wir „die Versöhner" nannten, *les réconciliateurs*? Da es hinter diesen Clan-Spielchen um viel Macht und Einfluss ging, bekriegten Ausmerzer und Versöhner einander, und die mysteriösen Todesfälle häuften sich. Die Islamisten gerierten sich als Opfer der bösen Generäle. Es fiel ihnen nicht schwer, die Regierungen der westlichen Staaten (nicht aber deren öffentliche Meinung, die sehr wohl spürte, dass der Islamismus eine Gefahr darstellte, die eines Tages den ganzen Planeten bedrohen würde) davon zu überzeugen, dass ihr Kampf gerecht war, immerhin hatten sie die Wahlen gewonnen: ein Argument, das nicht zu widerlegen war. Und gleichzeitig unternahmen sie alles, um die islamistische Revolution in andere arabische Staaten zu exportieren, zuerst nach Marokko und Tunesien, aber auch nach Europa, vor allem nach Frankreich, um es dafür abzustrafen, dass es so lange die gottlose Diktatur von Algier unterstützt hatte. Ihr Ziel war es, eine unaufhaltsame globale Dynamik zu erzeugen, die sie *„den Dschihad gegen die Juden und die Kreuzfahrer"* nannten oder auch *„den großen Gotteskrieg"*, *„den großen Dschihad für Allah"*. Diese Ausdrücke hatten wir noch nie gehört, waren wir doch die Slogans der Sozialistischen Internationale gewöhnt, und so brachen wir angesichts der apokalyptischen Gewalt, die ihnen innewohnte, prompt in flammende Begeisterung aus oder verfielen in absolute Schreckstarre. Fürwahr, eine Welt ging zu Ende, und eine andere begann.

Als die ersten Dissidenten der FIS – nach deren Auffassung die Anführer der FIS den Dschihad nicht schnell genug vorantrieben, ja womöglich noch Verhandlungen mit der Regierung anstrebten – sich zu den GIA, den „Bewaffneten Islamistischen Gruppen" unseligen Angedenkens zusammenschlossen, erfuhren wir durch deren Kommuniqués, dass die Islamisten nicht nur Krieg führten gegen ein despotisches und korruptes Regime – was ihnen allgemeinen Zuspruch eintrug – sowie Krieg gegen die Länder des Westens, die diese Regime unterstützten – was weiteren Zuspruch auslöste –, sondern dass sie sich auch im Krieg gegen andere Religionen, Rassen, Zivilisationen und Kulturen befanden. Die afghanischen Taliban waren das Modell, dem sie nacheiferten, das sie am Ende gar noch toppen wollten. Ein neues Kalifat sollte erstehen, für sie der perfekte islamische Staat, in dem kein Platz für Abtrünnige oder Heuchler wäre. Koranschwenkend skandierten sie: *„Leben wir, so leben wir für ihn, sterben wir, so sterben wir für ihn."*

Nach und nach erkannten wir, dass hinter dem Anschein primitiver Gewalt und Geistesverwirrtheit, den sie sich gaben, um ein Höchstmaß an Angst und Schrecken zu verbreiten, eine Strategie Konturen annahm. Diese ging auf einen alten weltumspannenden Plan zurück, der in den 1930ern bis 1950ern aus der ideologischen Verbindung der äußerst mächtigen, äußerst einflussreichen Muslimbruderschaft mit dem schwerreichen Saudi-Arabien, der ersten Ölmacht weltweit, und gewissen nicht minder reichen Golf-Emiraten erwuchs. Dieser Plan sah vor, die kulturelle Verwestlichung der muslimischen Länder zu bekämpfen, die schon deren Eliten und ganz allgemein die Menschen in den Städten befallen hatte, und diese gründlich zu reislamisieren. Als nächste und letzte Etappe standen die Befreiung Palästinas und die Islamisierung des ganzen Planeten auf dem Programm, die mit dann vereinter Kraft betrieben werden sollte. Es war die *Nahda*-Bewegung, die arabische Renaissance, entstanden im schmachvollen Getöse des zerfallenden Osmanischen Reichs und der aufziehenden Kolonisation, revidiert von den Muslimbrüdern, seitdem reiflich durchdacht und geduldig ins Werk gesetzt mit Hilfe von

Petrodollars und modernster Kommunikationstechnologie. Das islamistische Schrifttum, das gedruckt oder im Netz zirkulierte, ließ keinen Zweifel daran. *Die Nahda*, oder das *„Erwachen des Islam"*, wies den Weg, den es einzuschlagen galt, um dem Islam jene Strahlkraft und Würde zurückzugeben, die er einst, zur Zeit des Propheten und der ersten großen Kalifen, besessen hatte.

Die Bilanz dieser kriegerischen Auseinandersetzung zwischen radikalen algerischen Islamisten und dem algerischen Regime allein vom Dezember 1991 bis ins Jahr 2006 ist niederschmetternd: über zweihunderttausend Tote, eine völlig zerschlagene Volkswirtschaft, ein zerstörtes Land, irreparable soziale und moralische Blessuren; die moderne Elite des Landes dezimiert, vom Regime und den Islamisten ermordet oder in eine Emigration ohne Wiederkehr getrieben; dazu auf längere Zeit ein gewaltiger Imageschaden für das gesamte algerische Volk.

Heute, im Jahr 2013, ist der Krieg zwar vorbei – und im Jahr 2011 wurde auch der 1993 verhängte Ausnahmezustand endlich aufgehoben – doch noch herrscht kein Frieden. Militärisch mag der radikale Islamismus besiegt sein, aber er ist noch immer da. Fest verwurzelt in der Bevölkerung, in den Institutionen verankert, erneuert er sich unaufhörlich, passt sich den sich verändernden Umständen an, breitet sich neuerlich aus und knüpft profitable Bande zur islamistischen Internationalen, und zwar sowohl zu ihrem gemäßigten als auch zu ihrem dschihadistischen Flügel, und auch zu internationalen Mafianetzwerken, die die Sahara und den Sahel zur Drehscheibe des interkontinentalen Rauschgift- und Waffenschmuggels gemacht haben. Die Transformation der islamistischen GIA-

Gruppen zur GSPC, der Salafisten-Gruppe für Predigt und Kampf (*Groupe Salafiste pour la Prédication et le Combat*) im Jahr 1998 sowie deren weitere Transformation zur AQMI, al-Qaida im Islamischen Maghreb (*Al-Qaïda au Maghreb islamique*), im Jahr 2007 zeigt, dass der radikale algerische Islamismus keineswegs eine inneralgerische Angelegenheit war, sondern Teil jenes weltweiten Plans, den die Muslimbrüder und Saudi-Arabien ersonnen hatten und der durch al-Qaida, eines ihrer Werkzeuge, in die Tat umgesetzt wurde. Die internationalistisch ausgerichteten Islamisten hatten den nationalen Islamisten den Rang abgelaufen; herablassend bezeichnete man letztere nur noch als „Algerianisten" oder auch „Dschasariten", *les djaz'arites*, abgeleitet von El Djazaïr, dem arabischen Namen für Algerien, da ihre Ambitionen an den Grenzen ihres Landes endeten. Die islamistische Internationale hat längst ihre Sicht der Dinge durchgesetzt – die ganze Welt gilt es zu islamisieren, nicht nur die muslimischen Länder, die auf den Weg des rechten Islam zurückzuführen sind.

Unter der Maske des gemäßigten Islamismus (vom algerischen Volksmund gern *„radikaler Islamismus mit Anzug und Krawatte"* oder bisweilen *„Jekill & Hyde"* genannt) hat der radikale Islamismus, der stets auf mehrere Pferde gleichzeitig setzt, ergiebige Kontakte zu den obersten zivilen und militärischen Würdenträgern des algerischen Regimes sowie zu hochstehenden Persönlichkeiten und Oligarchen aus dessen Dunstkreis geknüpft, zu reichen Händlern und Unternehmern, die das Regime finanzieren, aber auch zu Teilen der intellektuellen Elite, die sich enttäuscht vom Westen und seinen Werten abgewandt haben.

Auf der anderen Seite aber ist auch der Staat noch präsent und gefestigter denn je, zumal er über immense Erdöl- und Erdgas-Devisen verfügt – doch er ist nur der Staat der Militärjunta und ihrer örtlichen und ausländischen Klientel. Und auch die Verbrechen und Gräueltaten aus dem Bürgerkrieg, der in den 1990ern tobte, sind noch präsent und nur eines der vielen Tabuthemen, die durch das 2006 erlassene sogenannte Gesetz zur Nationalen Versöhnung verschämt als *„nationale Tragödie"* unter den Teppich gekehrt wurden. Zur nationalen Versöhnung trägt dieses Gesetz tatsächlich nicht das Geringste bei; es beinhaltet eine unausgesprochene Generalamnestie und bestätigt das Geheimabkommen zwischen den Armeechefs und den Anführern der AIS, der Islamischen Heilsarmee – dem bewaffnete Arm der FIS –, das die Aufteilung von Macht und Öldevisen regelt. Diese Tabuthemen lasten schwer auf dem Staat und rauben seinen Institutionen und denen, die an ihrer Spitze stehen, einen großen Teil ihrer Glaubwürdigkeit. Solange das amtlich verordnete Schweigen nicht aufgehoben, die verdrängte Schande nicht aufgearbeitet wird, ist keine Rückkehr zu einem wahren Frieden, keine echte demokratische Entwicklung denkbar.

Parallel zum algerischen Krisengeschehen hat der Islamismus sich, wie wir beobachten konnten, weltweit ausgebreitet, sich über zahlreiche zivile, mehrheitlich legal gegründete Organisationen internationalisiert, sich in dschihadistischen Organisationen wie al-Qaida und deren Ablegern (AQMI) zunehmend radikalisiert und schließlich gigantische Pläne entworfen – bis hin zum New Yorker Terroranschlag vom 11. September 2001 als absolutem Höhepunkt. Wir konnten des Weiteren beobachten, wie er während des „Arabischen Frühlings" 2011 und 2012 die Volksaufstände mit ihrer essentiell demokratischen Stoßrichtung geschickt unterwanderte und zu seinen Gunsten beeinflusste. Wir sahen mit an, wie er sich im Westen etablierte und sich beim Angriff auf die Demokratie subtil und gekonnt demokratischer Mittel bediente. Er hat viel aus der jahrelangen Konfrontation mit den arabischen Machthabern und dem Westen gelernt. Er fühlt sich siegreich und imstande, es mit den Größten und Mächtigsten dieser Welt aufzunehmen. Er hat sich überall eine Position errungen und wird nicht müde, diese auszubauen. Er befindet sich mittlerweile in einem Stadium, in dem er glaubt, schneller voranzukommen, wenn er im Kielwasser der gemäßigten Islamisten mitschwimmt, die derzeit auf Erfolgskurs sind, die nationale und internationale Meinung in Sicherheit wiegen und über zahlreiche Führungskräfte verfügen, die das Zeug zum Regieren haben.

Auf der Grundlage dieser Erlebnisse und der intensiven Diskussionen, die wir mit Vertretern beider Seiten während der langen Kriegsjahre geführt haben (und die ich in groben Zügen resümiert habe), ist der vorliegende Essay entstanden.

Schon auf dem Höhepunkt des algerischen Bürgerkriegs, zwischen 1996 und 1998, ließen diese Erlebnisse mich zur Feder greifen und einen Roman schreiben, der 1999 in Frankreich und 2003 in Deutschland erschienen ist: *Le serment des Barbares – Der Schwur der Barbaren.* Darin versuche ich mich an einer Erklärung des algerischen Bürgerkriegs, wobei ich von der Prämisse ausgehe, dass die Entfesselung der Gewalt in einem Land zwangsläufig mehrere Ursachen hat, die zum Teil weit, sehr weit zurück in die Vergangenheit reichen, folglich schwer zu erkennen, noch schwerer zu erklären und auf komplexe Weise miteinander verwoben sind. Und dass zwangsläufig mehrere Akteure ihre Hände im Spiel haben müssen, einem Spiel, dem sie nicht gewachsen sind, was ihre Verantwortung, ihre Mitschuld indes nicht schmälert. Die Entfesselung der Gewalt hat nun keineswegs, wie man hätte meinen können, zur Lösung der Krise geführt, sondern dauerhaftes Leid und anhaltende Lähmung über das Land gebracht.

II. DIE WELT DES ISLAM – EIN ÜBERBLICK

Die Renaissance und die enorme und extrem schnelle Ausdehnung des Islam, die besorgniserregende Radikalisierung des Islamismus werfen zahlreiche Fragen auf, die um Weltbild(er) und Werte im Universum des Islam kreisen und eine grundsätzlichere Auseinandersetzung vor allem mit den zentralen Begrifflichkeiten, mit dem islamischen Recht und den großen Rechtsschulen einfordern. Der dargebotene Überblick vermittelt in drei Etappen jenes Basiswissen über den Islam, welches für eine gewinnbringende Lektüre der Folgekapitel unabdingbar ist.[1]

1. Die Scharia – Verbindlichkeitsanspruch und Geltungsbereich

Die Islamismus-Debatte ist von verwirrend vielen Begriffen geprägt, die dasselbe zu besagen und sich doch auf ganz unterschiedliche Realitäten zu beziehen scheinen. Irritiert nimmt man zur Kenntnis, dass die islamistischen Aktivisten, von denen oft und so gut wie ausschließlich die Rede ist, wenn es um den Islam geht, bald als Muslime, bald als Fundamentalisten, Integristen, Salafisten oder Dschihadisten bezeichnet werden. Nicht anders steht es um den Begriff des Islamismus. Dem Laien mag er wie eine der Antike entfleuchte tausendköpfige

Hydra erscheinen, ein undurchschaubares Geflecht miteinander wetteifernder Begriffe: Fundamentalismus, Integrismus, Salafismus, politischer oder radikaler Islam. Die Verwirrung ist komplett, werden diese Begriffe, wie so häufig, mit diversen Attributen kombiniert, wie wahhabitisch, sunnitisch, schiitisch und so fort. Man versteht, dass bei einer solchen Überladung der Begrifflichkeiten so mancher manches durcheinander wirft. Schlimmstenfalls und zum Nachteil aller werden Islam und Islamismus in einen Topf geworfen: hier eine altehrwürdige, glanzvolle Religion ohnegleichen, dort die überaus kritikwürdige Instrumentalisierung dieser Religion zu (partei)politischen Zwecken. Der kundige Leser wird nicht in diese Falle stolpern, sondern vielmehr versuchen, seine Kenntnis des Islam zu vertiefen, um sich ein eigenständiges Urteil zu bilden.

Zunächst aber sind im Interesse einer präzisen Begriffsklärung zwei elementare Vorüberlegungen anzustellen: Die erste betrifft den Grad der Verbindlichkeit des islamischen Rechts, der Scharia. Es geht dabei um die Frage, wie viel Druck oder Zwang die jeweilige islamische Autorität – sei es die Regierung, sei es eine religiöse Instanz, welche befugt ist, eine religiöse Stellungnahme (arab. *fatwâ*) abzugeben – auf den muslimischen Gläubigen oder den Nichtmuslim ausüben muss oder darf, um ersteren zur regelkonformen Ausübung seines Glaubens zu bewegen, letzteren dazu, die religiösen Bräuche und Sitten des Landes, in dem er lebt, zu respektieren. Nun aber liefert der Koran, die Hauptquelle des Islam, keine klare Antwort auf diese Frage, so wie er auch über andere nicht minder heikle Fragen keine eindeutige Auskunft erteilt. Tatsächlich hält er widersprüchliche Antworten parat oder zumindest Antworten, die verschieden interpretiert werden können. Die Vorgehensweise, die bei schwierigen Fragen oder in Zweifelsfällen vom

Propheten höchstpersönlich sowie von bedeutenden Islamgelehrten empfohlen wird, besteht in der Textauslegung mittels verschiedener Methoden: Nachdenken (*idschtihâd*), Analogieschluss (*qiyâs*), Meinungskonsens (*idschmâ'*), Konsultation der Rechtsgelehrten oder, in letzter Instanz, das persönliche Urteil.

Die genannten Methoden sind, zumindest in manchen der großen islamischen Rechtsschulen, legitime Quellen muslimischen Rechts in all jenen Fällen, in denen weder Koran noch Sunna noch die kanonischen Hadithe (*ahâdîth*), also die zuverlässig tradierten Sprüche, Aussagen und Taten des Propheten, eine klare Antwort liefern.[2]

Da der Islam nicht den Überbau einer Priesterschaft im katholischen Sinne und auch keinen Vatikan kennt, also weder ein Konklave organisiert, um einen Pontifex zu ernennen, noch Synoden oder Konzile einberuft, um dogmatische Fragen zu klären, bleibt es letztlich jedem selbst überlassen, gemäß seiner persönlichen Lesart der heiligen Texte, seiner individuellen Lebensumstände und seinem augenblicklichen Aufenthaltsort nach bestem Wissen und Gewissen zu entscheiden.

Aufgrund dieser den Gläubigen gebotenen Möglichkeit, aber auch infolge der zahllosen politischen Konflikte und Bruderkriege, die die Geschichte der Muslime prägen, hat der Islam, der, wie es heißt, nach Juden- und Christentum den Zyklus der drei Offenbarungsreligionen schließt, sich schon sehr früh in unterschiedliche Glaubensrichtungen aufgeteilt. Nennen wir hier nur die wichtigsten: Sunnitentum, Schiitentum, Charidschitentum und Sufismus, die sich ihrerseits in etliche Rechtsschulen (arab. *madhhab*[3], pl. *madhâhib* ‚Wege') aufspalten, aus denen wiederum zahlreiche Unterschulen und Sekten hervorgegangen sind. Da wäre etwa der Wahhabismus, eine sunnitische Sekte hanbalitischer Prägung, die einen ultraorthodoxen, salafistischen Islam vertritt und ihrerseits zwei

Tendenzen aufweist, eine traditionalistische und eine dschihadistische; diese Sekte macht gegenwärtig viel von sich reden, weil sie die Staatsreligion Saudi-Arabiens und damit eines Landes ist, das derzeit großen religiösen, politischen, wirtschaftlichen und finanziellen Einfluss auf der internationalen Bühne hat. Oder beispielsweise auch die Muslimbruderschaft, eine Sekte, die der „Arabische Frühling" in manchen arabischen Staaten, in Tunesien oder Ägypten, an die Macht katapultiert hat.

Diese Aufspaltungen innerhalb des Islam, im Arabischen *fitna* (‚Aufruhr', ‚Glaubensspaltung', ‚Bürgerkrieg unter den Anhängern einer Glaubensrichtung') genannt, decken die komplette Bandbreite des religiösen und juristischen Spektrums ab. Sie reichen vom kontemplativen, poetischen Islam der Sufi-Mystiker, geradezu Eremiten, deren Territorium unter dem Druck der herrschenden Ideologien und der Zwänge des modernen Lebens, das wenig Platz für Mystik lässt, heute dramatisch schrumpft, bis hin zur Extremform eines reaktionären, fanatischen Islamismus, der im Afghanistan der Taliban und im Bürgerkriegs-Algerien der GIA seinen absoluten Höhepunkt erreicht hat und in Afrika, dem Nahen Osten, Asien, Europa und Nordamerika zunehmend an Raum gewinnt.

Ganz am Rande wäre da noch jener gänzlich neue Islam zu nennen, der sich offenkundig einem rein materiellen Hedonismus verschreibt, ein Islam, wie er etwa in Dubai, jenem der Wüste abgetrotzten Eldorado, gedeiht, wo als religiöses Surrogat des Betens fünfmal täglich Shopping angesagt ist. Gelegentlich trifft man ihn auch in den neureichen Milieus diverser arabischer Staaten an, die vom Öl-Boom profitieren und wo Pietismus und Geschäftemacherei bestens harmonieren; man schwelgt in materiellem Überfluss und häuft teures technisches Spielzeug an.

In sämtlichen Rechtsschulen und Riten des Islam stand immer wieder neu die Frage der Verbindlichkeit religiöser Gebote im Raum, die unendlich viele, mitunter sehr hitzige theologische Dispute mit sich brachte. Und bis heute ist diese Frage nicht ausdiskutiert, die Antworten schwanken zwischen absoluter Verbindlichkeit und relativer Freiheit. In manchen Denkschulen hält man sich an den Koran, in dem es explizit heißt: *Lâ ikrâha fî d-dîn* – „Kein Zwang im Glauben!" So in Sure 2, „Die Kuh", Vers 256. Oder auch Sure 109, „Die Ungläubigen", die wie folgt beginnt: *„1. Sprich: ‚O ihr Ungläubigen! 2. Ich verehre nicht, was ihr verehrt, 3. Und ihr verehrt nicht, was ich verehre. 4. Und ich werde kein Verehrer dessen sein, was ihr verehrt, 5. Und ihr werdet kein Verehrer dessen sein, was ich verehre. 6. Euch euer Glaube und mir mein Glaube!'"*[4]

Diese Denkschulen lehren einen toleranten, respektvollen Islam, einen insoweit auch modernen Islam, als er nachdrücklich seine Liebe zur Wissenschaft bekennt. In einem berühmten Hadith hat der Prophet den Gläubigen, die ihn dazu befragten, einmal folgende Empfehlung mit auf den Weg gegeben: „Suchet das Wissen, und sei es in China." – *„Utlub al-ilm hatta fi Sîn."*

In Algerien hat der reformistische Islamgelehrte Abdelhamid Ben Badis (1889-1940), Begründer der algerischen Ulema-Bewegung[5], diese Empfehlung zum Kern seines Projekts einer Modernisierung des Islam gemacht. Ben Badis rief eine reformistische Strömung ins Leben, die für den ganzen Maghreb von Bedeutung war, doch sie blieb elitär und hatte keinerlei Breitenwirkung, während der Diskurs der Muslimbrüder sich ans Volk und an die Jugend wandte, denen es auf den Nägeln brannte, mit dem Westen und dem Kolonialsystem abzurechnen. In Algerien wurde dieser radikale Kurs durch Messali Hadj (1898-1974) vertreten, Chef der 1926 gegründeten *Etoile*

Nord-Africaine (Nordafrikanischer Stern), der ersten algerischen Volkspartei, und unangefochtener Führer der algerischen Nationalisten, zumal in den Kreisen der algerischen Emigranten in Europa. Messali Hadj hatte, wie nicht anders zu erwarten, nichts als Verachtung für das Reformstreben eines Ben Badis übrig. Auf parallele Entwicklungen und ähnlich emblematische Persönlichkeiten traf man seinerzeit in allen Ländern der arabischen Welt.

Andere Denkschulen hingegen präferieren jene Koranverse, die die Anwendung von Zwang und Gewalt bis hin zur totalen Unterdrückung legitimieren und die Muslime zum Dschihad gegen die Ungläubigen aufrufen. Ein viel zitierter Koranvers ist etwa jener, in dem Mohammed von Allah den folgenden Befehl erhält: *„O du Prophet! Kämpfe gegen die Ungläubigen und Scheinheiligen und verfahre mit ihnen hart. Die Hölle sei ihre Herberge, und schlimm ist die Fahrt (dorthin)."* (Sure 9, „Die Reue", Vers 73). Manchmal erwies sich der Prophet in der Tat als gnadenlos. Die Vernichtung des jüdischen Stammes der Banû Quraiza auf Mohammeds Befehl hin wird entsprechend häufig von den Islamisten ins Feld geführt, um ihre Verbrechen zu legitimieren und zu glorifizieren.

Je nach historischem Kontext und Denkschule wird also hier Zurückhaltung und Verständnis gelehrt, dort Härte und Intoleranz; hier Überzeugung durch die Kraft des Wortes, dort Unterwerfung durch Waffengewalt; hier Kooperation und Koexistenz, dort Konflikt und Abgrenzung etc. Wie man sieht, wird die im Kern religiöse Frage nur allzu leicht durch politische Erwägungen kontaminiert. Schon immer haben die politischen Fraktionen und die Mächtigen im Staat die Religion im partikularen Interesse instrumentalisiert und ihre Propaganda auf die von Fall zu Fall zweckdienlichsten Verse gestützt. Und zur Untermauerung des eigenen Vorgehens wurde und wird argumentiert, dass der Islam ein *unteilbares Ganzes* sei und zu sämtlichen Fragen, die den Muslim und seine Gemeinschaft betreffen, Stellung beziehe, gleich ob theologischer, politischer, juristischer, sozialer oder sonstiger Natur.

Diesbezüglich sind die Analysen des Pariser Politologen Gilles Kepel äußerst aufschlussreich, der ein ausgewiesener Kenner der Materie und zweifellos der größte Experte für Fragen des politischen Islam ist. Man wird hier mit Gewinn vor allem zwei seiner Bücher lesen: *Das Schwarzbuch des Dschihad. Aufstieg und Niedergang des Islamismus*[6] sowie *Die neuen Kreuzzüge. Die arabische Welt und die Zukunft des Westens.*[7]

Die zweite Vorüberlegung betrifft den Geltungsbereich des islamischen Rechts.

Da gibt es jene, die der Ansicht sind, das islamische Recht gelte ausschließlich für Muslime, und auch nur für diejenigen, die in einem islamischen Land leben, mit anderen Worten in einem Umfeld, wo der bequemen und kohärenten Ausübung muslimischer Rechts- und Glaubenspraxis nichts entgegensteht. Der Muslim auf Reisen indes sei nicht verpflichtet, alle konkreten Koranvorschriften zu befolgen, nicht einmal am Ziel der Reise, wenn dieses in einem nichtmuslimischen Land liegt. Wie sollte man auch in einem Land, in dem andere religiöse Gepflogenheiten herrschen, *halal* essen, in einer Moschee beten oder Almosen geben können? Und der Muslim, der in einem fremden Land lebt, ist gehalten, vorrangig die Gesetze des betreffenden Landes zu achten, selbst wenn diese im Widerspruch zu den Koranvorschriften stehen. Er kann sogar, falls das offene Bekenntnis zu seiner Konfession ihn in Gefahr bringt, die *taqîyya* praktizieren, die Täuschung oder Verschleierung, die von manchen muslimischen Rechtsschulen gestattet wird. Und vom Fremden, der ein muslimisches Land bereist, wird nichts weiter erwartet, als dass er die elementaren Anstands- und Benimmregeln einhält.

Es gibt aber auch jene, die den Standpunkt vertreten, das islamische Recht verfüge über einen universellen Geltungsanspruch, denn Allah habe es der ganzen Menschheit diktiert. Daher habe es unterschiedslos für alle und jeden zu gelten, ohne Abstriche und ohne Ansehen der Person. Und Allahs Wort überallhin zu tragen sei Pflicht eines jeden Muslims.

Manche Denkschulen akzeptieren nichtsdestotrotz, dass nichtmuslimische Minderheiten in einem muslimischen Land ihre jeweilige Religion bewahren können, wenn auch mit eingeschränktem Rechtsstatus, dem sogenannten *dhimmi*- oder Schutzbefohlenenstatus. Dieser erlegt ihnen spezifische Verpflichtungen auf, deren Liste sehr lang sein und erniedrigende Vorschriften beinhalten kann; das geht beispielsweise so weit, dass man ihnen Form und Farbe ihrer Bekleidung vorschreibt, oder die Art, wie sie sich in der Öffentlichkeit zu bewegen oder zu verhalten haben, wenn sie den Weg eines Muslims kreuzen. Im Gegenzug aber gewährt ihnen der *dhimmi*-Status Schutz für Leib, Leben und Eigentum. In früheren Zeiten[8] beinhaltete er auch die Zahlung einer Sondersteuer. Welche Minderheiten unter die *dhimma* fallen, wechselt von Land zu Land, von einer muslimischen Richtung zur nächsten. Betrifft es bei einem ausnahmslos sämtliche Nichtmuslime, gilt es beim anderen nur für die Christen und Juden, oder auch nur für Götzenanbeter (Polytheisten, Animisten) und so fort.

Es hat den Anschein, dass der *dhimmi*-Status, unter den die Juden in den muslimischen Ländern in der Regel fielen, ihnen, so hart und demütigend er auch gewesen sein mochte, doch bessere Lebensumstände gewährte als im christlichen Herrschaftsbereich. Natürlich ist das alles relativ zu sehen; auch unter muslimischer Oberhoheit gab es Judenghettos und Pogrome wie im Christenland, und umgekehrt gab es zeitweise in manchen christlichen Ländern (den Niederlanden, Frankreich, Deutschland) echte Entwicklungsmöglichkeiten für Juden, zumindest für jene, die sich dank ihrer Kenntnisse und Aktivitäten erfolgreich in der sozialen Hierarchie nach oben gearbeitet hatten. Man sollte sich vor Verallgemeinerungen hüten und weder die Aussagen der einen noch der anderen Seite als alleingültige Wahrheit nehmen.

Im Spanien und Portugal der *Reconquista*, der Rückeroberung der Iberischen Halbinsel durch die Katholischen Könige (718-1492), teilten Muslime und Juden dasselbe jammervolle Los. Gnadenlos wurden sie von den Soldaten der christlichen Könige und von der Heiligen Inquisition verfolgt, enteignet, zwangskonvertiert oder des Landes verwiesen. Die Geschichte der Marranen und Morisken, jener Juden und Muslime, die in Spanien oder Portugal verblieben sind, ist ein Schandfleck in der Historie beider Länder. Unter Zwang zum Christentum konvertiert, trauerten sie fortan jener Epoche nach, da sie Untertanen der muslimischen Sultane waren. Für die Morisken war es das Ende des Goldenen Zeitalters – vom Untergang des maurischen Andalusien und der damit verbundenen Kränkung haben sie sich niemals erholt. Und für die Marranen war es jene Periode, in der sie unter dem Schutz muslimischer Herren unbehelligt ihrem Glauben nachgehen konnten.

Je nach Verbindlichkeitsgrad und Geltungsanspruch des islamischen Rechts wird also eher von einem toleranten Islam oder aber von Fundamentalismus, von Salafismus, von einem moderaten oder einem radikalen Islamismus, von islamistischem Sektierertum und so weiter die Rede sein. Man darf die Schubkraft, die von der Diskussion und der Polemik um diese beiden so zentralen Aspekte des islamischen Rechts ausging, nicht unterschätzen; sie hat die Entwicklung des Islam gewiss nicht minder geprägt als der „Armutsstreit" die Entwicklung des Christentums und der christlichen Kirche. Der Disput über die Armut Christi, den Umberto Eco in seinem Roman „Der Name der Rose" so brillant wie nuanciert reflektiert, kommt gegenwärtig nach Jahrhunderten der Flaute durch Franziskus I. neu zu Ehren, hat der frischgewählte Papst doch schon bei seinem Amtsantritt im März 2013 erklärt: „Ich wünsche mir eine arme Kirche und eine Kirche für die Armen."[9]

2. Die islamischen Rechtsschulen

Zum besseren Verständnis der Zusammenhänge kann es nicht schaden, eine Vorstellung davon zu haben, wie die muslimische Welt sich heute zusammensetzt.

Sie besteht aus aktuell 1,57 Milliarden Menschen, rund 23 Prozent der Weltbevölkerung, die sich wie folgt auf die Länder und Kontinente dieser Erde verteilt: Asien (972 Millionen), Naher Osten und Nordafrika (315 Millionen), subsaharisches Afrika (240 Millionen), Europa (38 Millionen), Nordamerika (5 Millionen). So die Zahlen des *Pew Research Center* in den USA, dessen Statistiken als Referenzwerte gelten.[10]

Laut einer anderen Statistik, jener der UNO, hat die Gesamtzahl der Muslime im Jahr 2006 erstmals die Zahl der Katholiken überschritten (19,2 versus 17,4 Prozent) – eine Information, die für beträchtliches Aufsehen sorgte. Die Islamisten sahen darin das Zeichen ihres nahenden Sieges, und in den christlichen Ländern, in denen es größere muslimische Gemeinden gibt, befand man, die wahre Gefahr lauere in der Demografie. Denn diese begünstige in jedem Fall die Muslime, deren Religion ihnen Geburtenkontrolle und Schwangerschaftsverhütung verbiete, wohingegen die Geburtenrate im Westen seit Jahrzehnten kontinuierlich sinke. Diese Angst gilt es zu relativieren; die muslimische Bevölkerung wächst in der Tat schneller als alle anderen Bevölkerungsgruppen und wird in den nächsten zwanzig Jahren sogar doppelt so schnell wachsen, doch wie überall wird sich auch dort ein Rückgang der Fertilität bemerkbar machen. Schon jetzt ist der Anteil junger Menschen an der Gesamtbevölkerung in vielen muslimischen Ländern deutlich gesunken, das Heiratsalter dagegen steigt stetig an, bei den Männern ebenso wie bei den Frauen. Die demographische Entwicklung mag durch religiöse Faktoren beeinflusst sein, doch langfristig folgt sie ihrer eigenen Logik, wird von anderen, sehr konkreten Mechanismen reguliert.

Aufgrund der allgegenwärtigen Islamismus-Furcht wird in Europa andauernd die Demographie bemüht; sie gilt als unverzichtbares Instrument zur Analyse der islamischen Welt und des Islamismus, der von dort seinen Ausgang nimmt. In Frankreich wurde gar erwogen, eine auf ethnischen Kriterien basierende Statistik einzuführen, um unter anderem Entwicklungstendenzen innerhalb der muslimischen Bevölkerung zu erfassen. Doch das Projekt wurde alsbald wieder fallen gelassen, da die französische Verfassung es aus Gründen der Diskriminierung untersagt, personenbezogene Daten auszuwerten, die Aufschluss über die politische, religiöse, gewerkschaftliche oder sexuelle Orientierung des Einzelnen, seinen Gesundheitszustand oder seine ethnische Herkunft geben. In einem Land wie Israel verfolgt man die demographische Entwicklung im Nahen Osten geradezu obsessiv, da sie von größter Relevanz für die sicherheitspolitische Weichenstellung der israelischen Regierung ist. Im Gegenzug quittiert man auf islamistischer Seite jede demographische Entwicklung voller Genugtuung, die das Kräfteverhältnis zugunsten von Arabern und Muslimen verschiebt. Oft und gerne wird folgender, Jassir Arafat zugeschriebener Ausspruch zitiert: „Der Bauch unserer Frauen wird uns den Sieg über Israel bringen." In diesem Wettlauf fördert die Hamas den Kinderreichtum arabischer Familien, die in Israel und den palästinensischen Gebieten leben, während man in Israel die Zuwanderung jüdischer Immigranten unterstützt, um den Geburtenrückgang bei der jüdischen Bevölkerung Israels auszugleichen.

Der Islam umfasst also, wie eingangs erwähnt, vier große Strömungen, Sunnitentum, Schia, Sufismus und Charidschitentum; daneben Strömungen von geringerer Bedeutung und solche, die wirklich sehr marginal sind.[11]

1 – *Das Sunnitentum*. Auf dem Koran und der Sunna basierend (der Begriff *sunna* – ‚Brauch', ‚gewohnte Handlungsweise', ‚überlieferte Norm' – verweist zugleich auf das ewige, unwandelbare Gesetz Gottes und die Lehre des Propheten), steht das Sunnitentum für eine orthodoxe Vision des Islam. Es ist die vorherrschende Richtung innerhalb des Islam; 85-90 Prozent aller Muslime weltweit sind Sunniten. Das Sunnitentum teilt sich traditionellerweise wiederum in vier große Rechtsschulen auf, deren jede eine andere Auffassung des sunnitischen Islam vertritt. Die Würdenträger der vier Rechtsschulen sind einander in brüderlicher Feindschaft zugetan; sie verbringen ihre Zeit mit Disputen über strittige Punkte der Dogmen sowie, und zwar zunehmend, mit der Diskussion über politische Fragen. Diese Rechtsschulen sind: Malikismus

(*mâlîkiya*), Hanafismus (*hanafîya*), Schafiismus (*schâfi'îya*) und Hanbalismus (*hanbalîya*), wobei jede Rechtsschule ihrerseits mehrere Abspaltungen und Abzweigungen kennt, deren jede einen mehr oder weniger großen geographischen Bereich abdeckt und hier und da regionale kulturelle Gepflogenheiten integriert, die aus vorislamischer Zeit oder im Kontakt mit anderen Bevölkerungsgruppen übernommen wurden, was jedem Ritus sein eigenes regionales Gepräge verleiht:

Der **Malikismus**, im 8. Jahrhundert in Medina auf der Arabischen Halbinsel von Imam Mâlik Ibn Anas al-Asbahî gegründet, vertritt einen asketischen, orthodoxen, stark ritualisierten Islam; er ist der in Nord- und Westafrika dominante Ritus; 20 Prozent aller Muslime weltweit sind Sunniten malikitischer Prägung.

Der **Hanafismus**, zu Beginn des 8. Jahrhunderts im irakischen Kufa von Imam Abû Hanîfa Al-Nu'man Ibn Thabit gegründet, ist die älteste islamische Rechtsschule; er vertritt einen liberalen, rationalistischen Islam und hat sich in den nicht arabischsprachigen muslimischen Ländern entwickelt. Er dominiert in Asien (China, Indien, Bangladesch) und der Türkei und ist nach seiner Anhängerzahl die größte Rechtsschule des Islam, der etwa die Hälfte aller Sunniten angehören.

Der **Schafiismus**, im 9. Jahrhundert von Imam Muhammad ibn Idrîs Asch-Schâfi'î gegründet, hat sich besonders in Ägypten, Indonesien, Malaysia, auf den Komoren, den Philippinen, in Brunei und im Jemen ausgebreitet. Zahlenmäßig rangiert er an zweiter Stelle, gleich hinter dem Hanafismus; im Schafiismus ist die Beschneidung der weiblichen Genitalorgane obligatorisch.

Der **Hanbalismus**, im 9. Jahrhundert von Imam Ibn-Hanbal begründet, ist eine rigoros konservative Denkschule, die sich in Syrien, dem Irak, in Palästina und vor allem in Saudi-Arabien entwickelt hat, wo er zusehends verhärtete, bis er im 18. Jahrhundert den nach dem Prediger Muhammad ibn Abd al-Wahhab benannten Wahhabismus hervorbrachte; der Hanbalismus ist die kleinste Rechtsschule des Islam, nur rund fünf Prozent aller Sunniten sind Anhänger des hanbalitischen Ritus.

2 – *Die Schia* ist eine komplexe Rechtsschule, die zugleich rationalistische, spiritualistische und esoterische Anteile aufweist. Im Vordergrund steht hier die deduktive Logik, wo Argumentation und Willensfreiheit zentrale Aspekte sind sowie die Idee, dass der Koran *erschaffen* sei – im Gegensatz zum Sunnitentum, das ihn als *offenbart* ansieht. Die Bezeichnung „Schia" hat sich durchgesetzt, obwohl sie unzutreffend ist – die Schiiten sind ihrem Selbstverständnis nach die einzig Rechtgläubigen und bezeichnen sich selbst als *Âdeliye*, Anhänger der Gerechtigkeit, oder als Anhänger Alis. Ali, der Cousin des Propheten, von diesem zum Nachfolger auserkoren, hätte der erste Kalif werden sollen, doch die Gefährten des Propheten sahen das anders und optierten statt seiner für Abu Bakr, Mohammeds Schwiegervater, von daher die erste Spaltung des Islam: in Sunnitentum und Schiitentum. Der Ausdruck „Schiit", der sich vom arabischen *Scha'ia* (,Fraktion', ,Partei'; im weiteren Sinne ,Häresie') ableitet, wurde ihnen von ihren Gegnern, den Sunniten, verpasst. Die Schia repräsentiert rund 10 bis 15 Prozent aller Muslime weltweit; im Iran und Irak ist sie die herrschende Konfession, doch auch in Syrien und im Norden Saudi-Arabiens leben Schiiten.

Im Islam ist es verboten, Vermittler zwischen Gott und den Menschen zu platzieren. Lediglich die Schia kennt eine Art

„Klerus", der im Lauf der Zeit immer machtvoller wurde – vor allem im Iran, wo seit Errichtung einer islamischen Republik der Ayatollah, der die Funktion des höchsten Führers ausübt, noch über dem vom Volk direkt gewählten Staatspräsidenten steht. Auch geht die Geschichte des Islam im Schiitentum noch weiter: Für die Gläubigen ist Mohammed nicht der letzte Prophet, sie warten auf die Ankunft des Mahdi (*al Mahdi al Muntadhar* = der erwartete Mahdi), eine Art Messias, der zur „Endzeit" aus der Nachkommenschaft des Propheten Mohammed hervortreten soll, um *„die Erde ebenso sehr mit Gerechtigkeit und Gleichheit zu erfüllen wie sie heute von Ungerechtigkeit und Tyrannei erfüllt ist".*[12] Das Schiitentum teilt sich in vier Zweige auf, die ihrerseits in zahlreiche dissidente Schulen und Sekten zerfallen:

Die **Dschafariten**, auch **Zwölfer-Schiiten** genannt; von Imam Dscha'far as-Sadîq begründet, ist dies die älteste der noch befolgten Rechtsschulen des Islam. Die Dschafariten glauben an die Existenz der zwölf legitimen Imame und an deren Unfehlbarkeit (da die zwölf Imame als zur Familie des Propheten gehörend die einzigen seien, die ihm legitimerweise nachfolgen und zuverlässig seine Aussprüche, die Hadithe, überliefern dürfen). Seit der Islamischen Revolution von 1979 ist die Zwölfer-Schia die offizielle religiöse Richtung im Iran; 80 Prozent aller Schiiten sind Dschafariten.

Die **Zaiditen**, auch **Fünfer-Schiiten**, nach Imam Zaid ibn Ali, einem Ururgroßenkel des Propheten, benannt; sie verfügen über eine eigene Rechtsschule und sind seit dem 9. Jahrhundert im Jemen ansässig, wo ihre Imame bis 1962 über ein eigenes Fürstentum herrschten. Zahlenmäßig sehr gering, sind sie heute fast nur noch im nordjemenitischen Bergland vertreten.

Die **Ismailiten** oder **Siebener-Schiiten**, leben heute vorwiegend in Indien, Pakistan, Afghanistan, Tadschikistan, Syrien, im Jemen, im Iran, in Oman, Bahrain, in der Osttürkei, in Ostafrika sowie verstreut in der westlichen Welt. Sie zählen rund 18 Millionen Anhänger; ihr spirituelles Oberhaupt ist der Aga Khan. Einer der sehr zahlreichen Zweige der Ismailiten ist der heterodoxe Zweig der Drusen, den man im Libanon im Schuf-Gebirge, ihrem angestammten Herrschaftsgebiet, antrifft; die Familie Dschumblat, Gründer und Anführer der Progressiv-Sozialistischen Partei des Libanon, ist – neben dem Clan der Hamadehs – eine der beiden großen emblematischen Drusenfamilien. Die Drusen lehnen die Scharia ab und glauben an die Reinkarnation.

Die **Ghulât-Sekten**, deren Mitglieder verschiedenen ethnischen Gruppen angehören, darunter die alawitische Minderheit, die im Syrien des Assad-Clans regiert. Zu ihren Sprachen zählen hauptsächlich Türkisch, Persisch, Kurdisch und Arabisch. Der diskreditierende arabische Begriff *ghulât* (‚Übertreiber') wird gewöhnlich zur Bezeichnung extremistischer Gruppierungen der Schiiten verwendet.

3 – *Der Sufismus* (*tasawwuf*) ist ein esoterischer Weg spiritueller Initiation; auf der Suche nach Weisheit und göttlicher Liebe praktizieren die Sufis häufig Extremformen ekstatischer Askese. Sie sind in Bruderschaften (arab. *tarîqa*, ‚Weg', Plural *turuq*) organisiert und leben gleichsam autark in gesellschaftlich eher abgeschiedenen klösterlichen Gemeinschaften. Die bekanntesten Tariqas sind die Qâdiriyya, die Tidschânyya, die Rahmaniyya. In Nordafrika nimmt der Sufismus mitunter die Form des Marabutismus (Verehrung von Heiligen) an; in den Augen sunnitischer und schiitischer Muslime stellt er eine

abergläubische, ketzerische Neuerung (*bid'a*) dar. Für Sunniten und Schiiten sind die Sufis keine Muslime; man bezichtigt sie der Magie und der Ausübung heidnischer Riten. Oft wurden sie auch von den Sunniten verfolgt, welche sie verdächtigen, mit den Schiiten im Bunde zu sein, deren esoterische Weltsicht sie im Übrigen ebenso teilen wie die Vorstellung, dass die grundlegende Welterkenntnis eine verborgene ist, für den gemeinen Sterblichen unzugänglich, und sich nach einem langen, ritualisierten, streng kodifizierten Initiationsprozess ausschließlich vom Meister auf den Schüler überträgt. Man beschuldigt sie, den Islam durch ihre mystischen Praktiken zu schwächen, da sie wenig kompatibel sind mit einer orthodoxen, ganz auf Regelwerk und Gesetz fixierten Tradition. In Nordafrika werden sie toleriert; sie leben sehr zurückgezogen, kümmern sich nicht um Politik und bilden einen ökonomisch und kulturell bedeutsamen Sektor – vor allem in Marokko, wo sie viel zum „Lokalkolorit" beitragen, von dessen pittoreskem Charme die Tourismusbranche profitiert. Auch die in der Türkei lebenden Mevlevis, in Europa als „tanzende Derwische" bekannt, sind Sufis; ihre Form ekstatischer Askese besteht aus Tanz und Trance.

Die großen Sufi-Meister sind universell bekannt, auch als bedeutende Dichter oder Philosophen, al-Hallâdsch zum Beispiel oder Dschalâl ad-Dîn Rûmî (der Gründer des Ordens der Mevleviyya, der tanzenden Derwische), al-Bistâmi, Ibn Arabi und die ganz und gar außergewöhnliche frühmuslimische Mystikerin Râbi'a al-'Adawiyya, genannt Rabia von Basra, „die Mutter des Guten". Der algerische Emir Abd el-Kader, der den Widerstand gegen die französische Kolonisation Algeriens anführte, war ebenfalls ein bedeutender Sufi-Meister. Gleichzeitig steht er im Ruf, Großmeister der französischen Freimaurerloge, des *Grand Orient de France*, gewesen zu sein. Man glaubt auch zu wissen, dass Hassan al-Banna, der Gründer der ägyptischen Muslimbruderschaft, einer ultra-orthodoxen sunnitischen Sekte salafistischer und dschihadistischer Prägung, dem Sufismus verbunden war, der doch eine poetische, kontemplative Form der Innenschau ist. (Dadurch erscheint al-Bannas Gestalt in nur noch befremdlicherem Licht.)

4 – *Das Charidschitentum* ist eine alte dissidente Strömung, die die beiden großen Richtungen des Islam, Sunnitentum und Schiitentum, in Frage stellt.[13] Die Charidschiten lehren einen toleranten, pazifistischen Islam, der dabei streng und puritanisch ist und Askese in Form von Arbeit praktiziert. In Oman, einem Sultanat, in dem die Wirtschaft außerordentlich floriert, dominiert der charidschitische Islam, oder genauer, sein wichtigster Ableger, das Ibaditentum. Andernorts existieren nur noch versprengte Inseln, Minoritäten von Ibaditen, die sehr zurückgezogen leben, und deren größte sich in Algerien befindet. Für die beiden großen Ströme des Islam, Sunniten- und Schiitentum, ist der Ibadismus eine gottlose Sekte; er wurde im Lauf der Geschichte leidenschaftlich bekämpft und allenthalben zurückgedrängt. In Algerien leben die Ibaditen, dort Mozabiten genannt, weil sie sich im M'zab, einer unwirtlichen Region am Tor zur Sahara, niedergelassen haben, am äußeren Rande der Gesellschaft, selbst wenn immer mehr Mozabiten, die im Allgemeinen ein hohes Bildungsniveau haben, wichtige Funktionen an den Hochschulen und in den oberen Verwaltungsetagen bekleiden. Auch in Handel und Bankwesen sowie der herstellenden Industrie sind sie bestens vertreten und legen überall große Effizienz und Zuverlässigkeit an den Tag. Aufgrund ihrer Arbeitsamkeit und ihres außergewöhnlichen Geschicks im Umgang mit dem sensiblen Ökosystem und den Hydroressourcen haben sie aus dem M'zab einen der florie-

rendsten Landstriche Algeriens gemacht.[14] Zwei andere charidschitische Enklaven befinden sich in Tunesien, auf der Insel Djerba, und im Nordwesten Libyens, im Nafusa-Gebirge, dem Dschabal Nafusa.

Noch weitere Strömungen und Schulen sind im Lauf der Zeit auf- und wieder abgetaucht, die einen haben Spuren hinterlassen, die anderen keine.

Und allmählich hat sich jenseits aller Denkschulen ein Islam herausgebildet, der in der ganzen islamischen Welt dieselben Züge aufweist: der Volksislam. Einerseits ist er schlicht und ausgeglichen, beschränkt sich darauf, ohne viel Aufhebens die zentralen Gebote des Islam zu befolgen, Beten (*salât*) und Fasten (*sawm*) im Monat Ramadan, Pilgerreise (*hadsch*) und Almosensteuer (*zakât*); dazu einige traditionelle Rituale, die im Lauf der Zeit von allen Muslimen weltweit übernommen worden sind (liturgische Feste wie zum Beispiel der Geburtstag des Propheten, *maulid an-nabî*). Andererseits ist der Volksislam insofern kompliziert und einengend, als er der Gesellschaft eine Zwangsjacke verpasst, die dieser die Möglichkeit nimmt, sich weiterzuentwickeln. Das kommt daher, dass die Muslime in der ganzen Welt aus diversen, alten wie neuen Gründen geradezu genötigt sind, in Gemeinschaft zu leben, zumal, um sich mit den für ihre Religionsausübung nötigen Instanzen auszustatten (Moschee, Koranschule, muslimischer Friedhof, Hamam, *halal*-Lebensmittelladen und Kanzlei mitsamt Kadi, um die geschäftlichen Transaktionen der Gemeindemitglieder nach muslimischem Recht notifizieren zu lassen). Im Ausland ist das umso nötiger, als die Community diese Einrichtungen selbst finanziert, sei es durch Spenden von Gemeindemitgliedern, sei es durch Schenkungen, die von ausländischen Geldgebern stammen. Letzteres ist nicht unbedingt erstrebenswert, da es leicht zu gewissen Auswüchsen führt und aus mancher Moschee unversehens eine Geschäftsfiliale oder ein Indoktrinier- und Rekrutier-Zentrum wird. Dann wären da noch die Belange der Sicherheit, der Solidarität und der sozialen und religiösen Einheit. Unter dem Strich unterliegt das Leben im engmaschigen Netz der Community also noch stärkeren Zwängen, denn man ist ja unter sich, unter Mitgliedern einer Glaubensrichtung, hat dieselbe Nationalität, gehört demselben Stamm, demselben Familienclan an, was die Kontrollgewalt und Autorität, die die Gruppe auf den Einzelnen ausübt, entsprechend verstärkt. Dieses beengte Miteinander hat bisweilen geradezu perverse Auswirkungen, vor allem bei der Jugend, die die Community mitunter als erdrückend streng und formalistisch empfindet, oder im Gegenteil als nicht streng und formalistisch genug. In diesen Communities bleibt den jungen Leuten dann kaum eine andere Wahl als Unterwerfung oder Revolte – kein Klima, das einer ausgeglichenen Entwicklung und Integration zuträglich wäre.

Wer die fundamentalen Unterschiede zwischen den einzelnen Richtungen[15] kennt und um den Groll und die Animositäten weiß, die sich während vieler Jahrhunderte angestaut haben, dem wird schnell klar, wie illusorisch alle Pläne sind, sie in einer hypothetischen Familie zu vereinen – unter dem Dach der mythischen Umma, der Gemeinschaft aller Muslime der Welt. Nicht wenige muslimische Länder haben sich im Lauf der Geschichte mit diesem Gedanken getragen: Ägypten oder Afghanistan, der Iran, Saudi-Arabien oder die Türkei, und immer natürlich auf die eigene Glaubensrichtung fokussiert, sunnitisch die einen, schiitisch die anderen, und immer in den eigenen geopolitischen Plan integriert. Beim Iran war das die angestrebte Übernahme der Führungsrolle im Nahen Osten;

bei der Türkei der anvisierte Brückenschlag zwischen Europa und den arabischen Anrainerstaaten im Süden des Mittelmeers; und im Fall Saudi-Arabiens die Konzentration aller Strömungen des sunnitischen Islam um den Wahhabismus herum.

Aus dem Gesagten geht auch hervor, warum die Koordination zwischen Muslimen verschiedener Glaubensbekenntnisse so schwach ausgeprägt, um nicht zu sagen inexistent ist, und weder auf staatlicher noch auf der Ebene der Rechtsschulen und Strömungen greift. Die Organisation der Islamischen Konferenz (OIC) mit Sitz in Dschidda (Saudi-Arabien), 1969 in Rabat (Marokko) gegründet und 2011 in Organisation für Islamische Zusammenarbeit umbenannt, hatte es sich zur Aufgabe gemacht, die Zusammenarbeit zwischen ihren 57 Mitgliedsstaaten auszubauen, doch bis heute hat sie kein nennenswertes Resultat erzielt. Hinderungsgrund sind die politischen und religiösen Differenzen, die jeweiligen Regierungssysteme und strategischen Allianzen der einzelnen Mitgliedsstaaten, denn da ist nichts, das sie verbindet, geschweige denn eint. Ein weiteres Hemmnis ist zweifelsohne der hybride Charakter der OIC. Ihre Ziele sind zu vielfältig und zu vage, liegen auf religiösem, politischem, wirtschaftlichem, sozialem und kulturellem Terrain. Dann umfasst die OIC zugleich sehr religiöse (Saudi-Arabien, Qatar, Marokko ...) und eher säkulare Staaten (Aserbaidschan, Kasachstan, Kirgisistan, Usbekistan, den Libanon, die Türkei, den Senegal, Syrien, Tadschikistan, Turkmenistan), aber weder Indien oder Russland noch China gehören ihr an, obgleich sie zig Millionen von Muslimen zählen (China und Russland je rund 20 Millionen, Indien 138 Millionen Muslime). Schon in Russland und China haben Muslime nicht eben einen leichten Stand, aber in Indien, wo sich fanatisierte Muslime und fanatisierte Hindus an bestialischer Gewalt im Angesicht einer hilflosen Staatsmacht überbieten, ist ihre Lage höchst dramatisch. Und verzweifelt aussichtslos ist die Situation der Sikhs, die mal als Muslime, mal als Hindus angesehen und von beiden Gruppen auf das Brutalste misshandelt werden.

Alle arabischen Staaten sind einerseits Mitglied der Organisation für Islamische Zusammenarbeit, andererseits aber auch in der Arabischen Liga vertreten, die bereits 1945 in Kairo gegründet wurde. Zu deren Organen zählen u. a. das Generalsekretariat und die Arabische Gipfelkonferenz der Staatsoberhäupter, das Arabische Parlament und, als oberstes beschlussfassenes Organ, der Rat (der Außenminister) der Arabischen Liga; hinzu kommen diverse Komitees (u. a. Informations- und Rechtskomitee; Komitee für finanzielle und administrative Angelegenheiten) sowie Sonderorganisationen wie die Arabische Organisation für Arbeit, oder für Telekommunikation, oder für Erziehung, Kultur und Wissenschaft, um hier nur einige zu nennen.

Dies mag als knapper Überblick über die Welt des Islam genügen. Im Folgenden werden wir detaillierter auf den Islamismus in seinen verschiedenen Varianten eingehen: in der gemäßigten, radikalen, salafistischen und dschihadistischen Version.

3. Von der Freiheit im Islam

Das Zersplittern des immensen muslimischen Reichs ab dem 11. Jahrhundert in eine schier unübersehbare Fülle kleiner Feudalkönigtümer, die wenig stabil waren und einander ständig bekriegten; die Kolonisierung durch die europäischen Großmächte; die intellektuelle Vorherrschaft des christlich-jüdischen Abendlandes über die ganze damalige Welt: Aus vielfältigen Gründen hat der Islam, der seinerseits in eine Fülle sich befehdender oder ignorierender Strömungen, Rechtsschulen, Konfessionen zerfiel, heute einen gewaltigen Rückstand im Blick auf all die Anforderungen und Fragen, die das moderne Leben an die Gesellschaft und an das Individuum heranträgt. Fragen, auf die auch Religionen prompte Lösungen bereitstellen müssen, damit die Entwicklung harmonisch verlaufen und die Gesellschaft sich entscheiden kann, was nach gültigem religiösen Dogma und aktuellem säkularen Kenntnisstand als erlaubt (*halâl*), unerlaubt (*harâm*) oder unerwünscht (*makrûh*) gelten kann. Einer der Gründe des Unbehagens in der Welt des Islam rührt von dieser Weigerung der religiösen Instanzen her, sich den Fragen und Anforderungen der Gegenwart zu stellen und angemessene Antworten zu liefern.

Die Entlassung der arabischen Staaten in die Unabhängigkeit löste einen unbändigen Drang nach Emanzipation von verstaubten Traditionen aus, nach Befreiung von islamischen Bräuchen, die erstarrt waren in den Fesseln einer altertümlichen Rechtsprechung – und schlussendlich wollte man sich von dem vom europäischen Kolonisator aufoktroyierten Weltbild abnabeln. Seither steigt der Erklärungs- und Diskussionsbedarf fortwährend an, und das umso mehr, als die überwiegend jugendliche Bevölkerung dieser Länder verstärkt Zugang zu Bildung und Information genießt und direkter denn je mit dem Rest der Welt konfrontiert ist. Doch die alten und neuen Feudalstrukturen, die in Wirtschaft, Militär und Religion jener Länder dominieren, haben bislang jedes Bemühen (*idschtihâd*) um eine Anpassung des islamischen Rechts an die Moderne sabotiert, die zum Ziel hat, die Beziehung des Muslims zu Gott und der Welt, zur Gesellschaft, zum Einzelnen und zum Anderen, zu Wissenschaft und Technologie, zur Moral, zum positiven Recht, zur Frau und zur Sexualität, zur Demokratie und zur Trennung von Religion und Staat zu überdenken und, wenn möglich, zu modernisieren.

Der Aufruhr, der derzeit im Herzen der arabo-muslimischen Welt tobt, die inneren Spannungen sowie jene, die ihr Verhältnis zum Ausland prägen, zeigen, dass besagte Anpassung sich momentan inmitten von Chaos und Gewalt vollzieht statt bedächtig, kontinuierlich und in Abwägung sämtlicher Interessen. Man sollte nicht vergessen, dass der praktizierende Muslim sehr viel dringender als der säkulare, nichtgläubige Muslim eine Antwort auf all die Fragen braucht, die er sich stellt, ja, die geradezu auf ihn einstürzen in einer Welt, die in rapidem Wandel begriffen ist – einer Welt, die nichts von ihm weiß und von der er nichts weiß, weil er lange, sehr lange von ihr ferngehalten wurde. Der einzige Weg, auf dem die Anpassung des muslimischen Denkens an die Erfordernisse der Gegenwart sich friedlich und zum Wohle aller vollzieht, besteht darin, den Muslimen ohne Wenn und Aber das Recht auf freie Meinungsäußerung zu garantieren – als Staatsbürger wie als Individuum. Das und nichts anderes ist die Herausforderung, der sich die muslimische Welt heute zu stellen hat.

Nebenbei bemerkt ist es auch in Europa mit der freien Meinungsäußerung nicht weit her, sobald es um den Islam geht. Die bloße Erwähnung dieses Begriffs würgt jede Diskussion im Keim ab oder lässt sie auf Phrasen und Gemeinplätze des politisch Korrekten zusteuern. Die immer überaus heftigen Reaktionen der Islamisten auf die geringste Bemerkung über den Islam, Reaktionen, die prompt von den Medien aufgegriffen und aufgebauscht werden, haben zwischen dem Islam und der allergewöhnlichsten Kritik – wie man sie gegenüber jeder Idee, und sei sie noch so geheiligt, äußern können muss – eine Art Berliner Mauer entstehen lassen. Das Bild der sogenannten „arabischen Straße", das oft und immer dann über die Bildschirme flimmert, wenn inmitten aufgebrachter arabischer Menschenmassen die Nationalflagge irgendeines meist westlichen Staates verbrannt oder dessen Botschaft attackiert wird, versetzt die öffentliche Meinung in Schockstarre. Mancher traut sich nicht einmal mehr, in der Öffentlichkeit überhaupt noch über den Islam, Muslime oder Araber zu reden, aus Angst, als islamfeindlich oder rassistisch hingestellt oder gar beschuldigt zu werden, bewusst Konflikte zwischen den gesellschaftlichen Gruppen zu schüren.

Auf diesem Feld haben sich die Radikalislamisten innovativ gezeigt. Statt wie früher nur einzuschüchtern oder zu drohen, rufen sie, hierin den Amerikanern gleich, mittlerweile beim geringsten Anlass die Gerichte an: wegen jeder Äußerung, die ihnen missfällt und die sie nach eigenem Ermessen als islam- oder araberfeindlich, als diskriminierend oder diffamierend, demütigend und so fort bezeichnen. Die Medien selbst lassen in Wortwahl und bildlicher Darstellung größte Vorsicht walten, übertreffen einander förmlich darin und meiden das Thema Islam, wo es nur geht.

In Europa, dem Eldorado der Freiheit, darf man alles kritisieren, und jede Form der Kritik ist erlaubt, bis hin zu Parodie und Satire – nur den Islam und seinen Propheten darf man nicht kritisch kommentieren, nicht einmal in den gewähltesten Worten und der wohlmeinendsten Absicht. Die vielen Fälle, die Schlagzeilen machten, von all den Personen, die zum Tode verurteilt wurden, weil sie eine Ansicht vertraten, die als Angriff auf den Islam und seinen Propheten gewertet wurde, bezeugen den Ernst der Lage: Salman Rushdie, verurteilt, weil er „Die Satanischen Verse" geschrieben hat; die dänische Zeitung *Jyllands-Posten*, weil sie eine Karikatur des Propheten Mohammed als Terrorist abgedruckt hat; der französische Philosoph Robert Redeker, weil er die Einschüchterungsversuche der Islamisten gegeißelt hat; Taslima Nasreen, weil sie die Lage der Frau in ihrer Heimat Bangladesch kritisiert und den Islam dafür verantwortlich gemacht hat; die syro-amerikanische Psychiaterin Wafa Sultan, weil sie erklärt hat, dass der Islam eine Bedrohung für die Freiheit und den Weltfrieden darstellt; Theo Van Gogh, der holländische Regisseur, dafür ermordet, dass er einen Film gedreht hat, der die Würde der Muslime verletzt haben soll; dazu zahllose weitere Verurteilungen von manchmal unerträglicher Grausamkeit, wie der Fall Rimsha Masihs, der jungen Christin aus Pakistan, der man Gotteslästerung vorwarf und der man mit dem Tode drohte, weil sie angeblich ein Buch mit Koranversen angezündet haben soll.

Das alles hat dazu geführt, dass man heutzutage auf den Islamismus ausweicht, wenn man eigentlich über den Islam sprechen will. Und um das, was man nur andeuten kann, klarer zum Ausdruck zu bringen, wirft man sich zum Verteidiger eines toleranten, friedfertigen Islam auf, der einem Werbe-Idyll entsprungen scheint, und so verlagert man die ganze Kritik, die man eigentlich an der Ideologie üben wollte, mit der der Islam im Lauf der Jahrhunderte von Feudalregimes und religiösen Fanatikern befrachtet wurde, auf die Muslime selbst. Eine unzulässige Vermengung auch das – und ebenso schlimm wie die Verwechslung von Islamismus und Islam: Die Muslime können weder etwas für die Ungereimtheiten ihrer Religion noch für die Art und Weise, wie manche Feudalregime der arabischen Welt und die Finsterlinge mancher islamistischen Parteien diese instrumentalisieren – was insgesamt ein so trauriges Bild der Muslime abgibt.

Paradoxerweise beobachte ich dennoch immer wieder, dass eine echte Debatte über den Islam und seinen Propheten, mit teilweise sehr kühner Kritik, nur in muslimischen Ländern stattfindet. Das rührt vermutlich daher, dass einem Muslim quasi von Natur aus das Recht auf Kritik an der eigenen Religion zusteht, einem Christen oder Juden dagegen nicht. Kritik aus deren Munde würde per se schon als Beleidigung und Gotteslästerung empfunden. Kreuzzüge, Kolonialismus, wirtschaftliche Dominanz – die historische Altlast ist eine schwere Hypothek und kommt früher oder später in jeder Debatte zum Tragen, wo die schiefen Töne und die Polemik dann schnell überwiegen.

III. Der Islamismus und die Welt – Bestandsaufnahme und Fragen

Diskret und unauffällig hat der Islamismus sich seinen Platz in der Welt erobert, im Schatten der Diktaturen, die in den muslimischen Staaten herrschten und unter dem Deckmantel des Islam, den er schrittweise in einen ideologischen Diskurs umgewandelt hat. Sein Ziel ist die Kontrolle über die Gesellschaft und die Machtergreifung im Staate. Dieses politisch-religiöse Projekt nimmt in mehreren arabo-muslimischen Staaten bereits konkrete Gestalt an und ist im Begriff, sich auch jenseits der Grenzen traditionell muslimischer Regionen festzusetzen.

Diese Entwicklung hat sich in einem bemerkenswert kurzen Zeitraum vollzogen, innerhalb weniger Generationen, und das ist in der Tat der Analyse wert, zeigt es uns doch, wie anfällig und durchlässig die politischen, juristischen, moralischen und sonstigen Systeme sind, die die Staaten zum Schutz ihrer Institutionen und ihrer Bevölkerung als Bollwerk gegen extremistische Auswüchse errichtet haben. Und es verdeutlicht, wie groß die Macht der modernen Kommunikationstechnologien ist, die die Islamisten mit beachtlichem Geschick für sich nutzen.

All das kommt vielen überraschend, aber bekanntlich lässt sich immer nur der überraschen, der überrascht werden will.

In einem Interview aus dem Jahr 1946 erklärte André Malraux: *„Le problème capital de la fin du siècle sera le problème reli-*

gieux." – „Das elementare Problem der Jahrtausendwende wird die Religion sein." Der Ausspruch hatte seinerzeit gewaltiges Aufsehen erregt.

Heute sind es genau genommen die Fragen, die der Islamismus aufwirft, die weltweit für Aufruhr sorgen, in endlosen, mitunter stürmischen, oft von feuriger Leidenschaft und kategorischer Bestimmtheit geprägten Debatten, die die Beziehungen innerhalb und zwischen den einzelnen gesellschaftlichen Gruppen vergiften.

Hinzu kommen all die Attentate und Geiselnahmen, die Angriffe auf Minderheiten und Akte der Gewalt zumal gegen Frauen, die Schändungen heiliger Stätten und Strafexpeditionen, die (de facto oder mutmaßlich) aufs Konto islamistischer Aktivisten gehen und die Menschheit rund um den Globus in Atem halten. Dazu die gleichsam endemische Gewalt, die in mehreren muslimischen Staaten herrscht (Afghanistan, Algerien, Libanon, Nigeria, Somalia, Sudan, Mali, Syrien, Ägypten und andere mehr), die Verquickung islamistischer und mafiöser Netzwerke (Stichwort: Drogenhandel): All das blockiert die Welt seit nunmehr dreißig Jahren und hält sie in einem Zustand unerträglicher Spannung gefangen – in psychologischer, ökonomischer und sicherheitspolitischer Hinsicht.

Es klingt wie eine Bestätigung von Malraux' Hypothese, denn der Islam, wie ihn die Islamisten vermitteln, ist tatsächlich zu einem Problem geworden, zweifellos dem bedeutendsten der letzten drei Jahrzehnte, und alles deutet darauf hin, dass es in nächster Zeit noch schlimmer wird. Es besteht durchaus Grund zu der Annahme, dass das Phänomen auch die anderen Religionen erfasst, die sich, ob nun gleichsam durch Ansteckung, als Reaktion oder aus endogenen Gründen, ebenfalls radikalisieren werden, wie es bei gewissen amerikanischen Evangelikalen oder jüdischen Fundamentalisten bereits zu beobachten ist. Immer lautstärker werden deren Protestaktionen, immer aggressiver und kämpferischer der Ton. Der amerikanische Prediger Terry Jones hat über längere Zeit weltweit für Schlagzeilen gesorgt, nachdem er am 11. September 2010 einen internationalen Koranverbrennungstag vorgeschlagen hatte und quer durch mehrere amerikanische Bundesstaaten von außerordentlich vielen Gläubigen darin unterstützt worden war.

Man darf annehmen, dass Malraux damals, als er von der Religion sprach, sämtliche Religionen im Visier hatte, allen voran die drei Offenbarungsreligionen, die ihren Gott und ihre Propheten teilen. Mittlerweile, so scheint es, ist das Stadium erreicht, in dem der eine, einzige Gott nicht länger nur der einen oder anderen Religion zugehören kann. Es ist an der Zeit, den interreligiösen Dialog ernsthaft neu zu beleben, zu unterstützen und zu demokratisieren.

Am Rande sei angemerkt, dass die Gründung eines interreligiösen und interkulturellen Zentrums in Wien im Herbst 2012 durch Saudi-Arabien prinzipiell eine gute Sache ist. Doch es besteht ein nicht unerhebliches Risiko, dass besagtes Zentrum, dem der saudische Erziehungsminister persönlich vorsteht, in Wahrheit lediglich ein Propaganda-Instrument des Wahhabitentums darstellt.

Augenscheinlich kreisen sämtliche Islamdebatten um eine gewisse Anzahl von als mehr oder minder gültig akzeptierten Feststellungen und Postulaten und eine Reihe zumeist lauthals verkündeter Wahrheiten und Gegenwahrheiten:

1. *Der Islam ist weltweit auf Expansionskurs, und diese Entwicklung gibt Anlass zur Sorge.* Selbstbewusst und brutal, so heißt es, dehne er sich aus, auf jeden Fall aber raumgreifend und rapide,

was zu nervöser Gereiztheit, wütender Ablehnung, offener Konfrontation und Zusammenstößen führt. Er bekommt Zulauf durch muslimische Migranten wie auch durch die immer zahlreicher werdenden Konvertiten und durch die enormen Investitionen, die so mancher muslimische Staat in die weltweite Förderung des Islam fließen lässt, vor allem im Westen, in jenen Ländern und Städten, in denen sich größere muslimische Communities herausgebildet haben (Westeuropa, Skandinavien, Nordamerika, Australien).

2. *Die Islamisierung ist an einem Punkt angelangt, von dem aus sie tiefgreifende Veränderungen historisch gewachsener, fragiler Gleichgewichtszustände bewirken kann, Brüche oder die Umkehr vorherrschender Trends nicht auszuschließen.* Projektionen werden beigebracht, lassen den Gedanken aufkommen, der Islam könne am Ende in mehreren Ländern Europas dem Christentum noch den Rang ablaufen, zumindest was die Zahl derer betrifft, die regelmäßig eine Kirche, Moschee oder Synagoge besuchen. Die arabischen Staaten wiederum könnten den Schwund ihrer Christen wie zuvor schon den Verlust ihrer Juden erleben; die schiitischen Minderheiten verschwänden aus der sunnitischen arabischen Welt und umgekehrt. Traditionen und Symbole, die die Vorstellungswelten muslimischer Gesellschaften strukturieren und Bestandteil des materiellen oder symbolischen Weltkulturerbes der Menschheit sind, werden in der Tat schon heute von radikalen Islamisten als gottlos erklärt und zerstört, wie die riesigen Buddha-Statuen in Afghanistan, die Sufi-Mausoleen in Timbuktu oder die Heiligengräber der Sufis in Tunesien. Schon ist die Weltkarte dabei, sich zu verändern, und dieser Prozess dürfte sich zusehends schneller und radikaler vollziehen.

3. *Die Ursachen für die Expansion des Islam sind nach wie vor unbekannt.* Man weiß nicht, ob das Erstarken des Islam – wie auch des Islamismus – einem vermehrten Bedürfnis nach Spiritualität in einer vom Materialismus dominierten Welt entspricht; ob es sich um eine Neuauflage des Panarabismus islamobaathistischer Machart handelt, der durch eine Globalisierung Auftrieb erhält, die das Ende der absoluten Vorherrschaft eines ohnehin in innerem Verfall befindlichen Westens ankündigt; oder um eine Renaissance des Panislamismus in einer zweiten, diesmal zutiefst antiwestlichen arabischen *Nahda*-Bewegung, die die Einigung der islamischen Welt unter einem neuen Kalifat und die Islamisierung des Restes der Welt anstrebt. Oder ob es einfach als Form kultureller Identitätsfindung in einer Welt zu verstehen ist, die selber auf der Suche nach neuer Orientierung ist; oder, noch viel einfacher, als Ausdruck jener natürlichen, instinktiven Neigung, die einen jungen, kraftvollen und zum Herdentrieb neigenden Organismus dazu treibt, sein Milieu beherrschen zu wollen, und das um so brutaler, als dieses Milieu ein in sich zerrissenes, dekadentes, überaltertes und extrem selbstbezogenes ist, und zudem von Ressourcen abhängt, auf die es keinen Zugriff mehr hat.

4. *Dort, wo der Islamismus sich festsetzt, sakralisiert er sein Territorium und radikalisiert sich.* Durch die Sakralisierung (etwa den Bau einer Moschee) erfolgt per se die Anbindung ans „Haus des Islam" (*dar al-islam*), die Gesamtheit aller Gebiete unter islamischer Herrschaft; in der Folge strebt er die Vorherrschaft an, gerät in Konflikt mit den Konfessionen, Traditionen und Identitäten vor Ort, und wenn er das Terrain schließlich vollständig erobert hat, bricht er den Kontakt zur Außenwelt ab oder macht sich daran, das Nachbarterritorium zu erobern. In den muslimischen Ländern besitzt der Islamismus ganz offensichtlich

den Ehrgeiz, das historische Terrain des Islam, das von Modernisierungs-, Demokratisierungs- und Globalisierungstrends kontaminiert ist, komplett zurückzuerobern und es von allem Unreinen und Sündhaften zu *säubern*. Er lehnt religiöse Minderheiten und Ausländer ab, die seine Atmosphäre verunreinigen, und bestraft schlechte Muslime (Demokraten, Freidenker, moderne Frauen, Homosexuelle etc.). Die Zerstörung Israels fügt sich exakt in dieses Säuberungsschema; dessen Gebiet, Palästina, repräsentiert mehr als jedes andere das „Haus des Islam", dorthin soll es, und zwar für ewig, wieder zurück; von eben dort, vom Tempelberg in Jerusalem aus, „stieg" der Prophet Mohammed einst unter Führung des Erzengels Gabriel in den Himmel „hinauf". Israel selbst gilt demgegenüber als *dar al-harb*, ‚Haus des Kriegs', also jenes Gebiet, in das man den Krieg im Namen Allahs hineintragen soll, *al-jihad fi sabilillah*.

Am Rande: Die Begriffe *dar al-islam*, ‚Haus des Islam', *dar al-harb*, ‚Haus des Kriegs', *dar as-salam*, ‚Haus des Friedens', *dar al-hikma*, ‚Haus der Weisheit', *dar al-haq* oder *dar al-'adl*, ‚Haus der Gerechtigkeit' und deren Gegenteile, die Häuser der Gottlosigkeit, Ungerechtigkeit, Finsternis – die sämtlich unter den Oberbegriff *dar al-kufr*[16], ‚Haus des Unglaubens', subsumiert werden – sind starke und einfache Begriffe, die das muslimische Weltbild strukturieren. Jede Region, jeder Ort, jeder Bereich, gleich ob materiell oder immateriell, real oder virtuell, wird unter dem Blickwinkel dieser Dualität betrachtet. Hier die Welt des Islam, die es zu schützen, dort die Welt des Bösen, die es zu bekriegen gilt. Für den friedlichen, toleranten Muslim haben diese Begriffe symbolischen Charakter; man bekämpft das Böse, indem man es ablehnt. Für den radikalen Islamisten hingegen besteht das Ziel der Kriegsführung darin, den anderen, jenen, der gegen die Gesetze des Islam verstößt, zu töten.

5. *Allenthalben wird der Islam heute von den Islamisten vereinnahmt.* Und die Zahl der Islamisten wächst konstant; sie sind gut durchorganisiert und gehen offensiv zu Werke. Sie indoktrinieren, rekrutieren, konvertieren, bauen ein sogenanntes islamisches Wirtschaftssystem auf (Finanzwesen, Koranschulen, Handel mit *halal*-Produkten), erlassen Gesetze, setzen islamische Normen durch und sorgen für Recht und Ordnung auf *ihrem* Terrain. Die Radikalsten unter ihnen bilden Zellen und unterhalten enge Kontakte zu Mafia-, Dschihad-, Terrornetzwerken. Manche arbeiten auf eigene Faust und auf ihr Umfeld beschränkt, andere für nationale oder internationale Organisationen, die mehr oder weniger im Untergrund agieren. Wieder andere arbeiten im Dienst wohltätiger oder kultureller religiöser Organisationen, die ganz offiziell die Expansion des Islam betreiben. Finanziert werden sie von jenen Staaten (Saudi-Arabien, Iran, Qatar, Pakistan, Algerien, Marokko), die de facto eine (regionale oder globale) Führungsrolle innerhalb des Islam anstreben und die Kontrolle über ihre Migranten behalten wollen, die nach wie vor als Angehörige des eigenen Staates gelten, auch wenn sie im Ausland geboren oder längst dort eingebürgert sind.

6. *Das Schweigen der Muslime in der Welt beschädigt den Islam.* Tatsache ist: Überall auf der Welt verhält sich die muslimische Community passiv gegenüber diesen Umtrieben, obwohl sie ihr nur Nachteile bringen und der Islam als solcher Schaden nimmt. Insbesondere wird das Schweigen ihrer Intellektuellen beklagt. Von wenigen Ausnahmen einmal abgesehen, halten diese sich von öffentlichen Debatten fern. Man vernimmt oft und zu Recht die Bemerkung, dass es doch Sache der Muslime sei, ihre Religion zu verteidigen. Da Schweigen nun aber mit Zustimmung gleichgesetzt wird, betrachtet man die Commu-

nity in ihrer Gesamtheit als Reservearmee, eine Art „fünfter Kolonne", die jederzeit mobilisiert werden kann, und begegnet ihr mit Misstrauen. Sie wird argwöhnisch beäugt und stigmatisiert und reagiert dementsprechend: lehnt sich auf, klagt an und stigmatisiert ihrerseits. Auch die Haltung der arabischen Regierungen wird kritisiert, die wohl den Terrorismus bekämpfen, dessen ideologische Keimzelle jedoch, den Islamismus, nähren und schützen und den Islamunterricht in den Händen von Scharlatanen oder Ideologen belassen, die den Islam zum Islamismus machen. Sie lassen ihre Völker bewusst in Angst und Unwissenheit, um sie leichter regieren zu können und dem demokratischen Aufbegehren, das sie eines Tages überrollen könnte, keinen Raum zur Entfaltung zu geben. De facto setzen sie freilich nur eine Politik um, die über ihre Köpfe hinweg entschieden wurde, in komplexen Absprachen zwischen ihren Führungsspitzen, Saudi-Arabien, Qatar, und den westlichen Großmächten, Europa und den USA, die gegenüber der araboislamischen Welt einen speziellen (oft simplifizierenden) politischen Kurs einschlagen, bei dem alle, wie sie meinen, mitziehen müssen. Abgesehen von den wirtschaftlichen Interessen, die es zu wahren gilt (man denke an Erdgas oder Erdöl, die internationalen Märkte), ist der tiefere Grund dieser „Entente" darin zu sehen, dass die arabische Welt seit der Unabhängigkeit eine wahrscheinlich sehr lange Phase existenzieller und politischer Instabilität durchläuft und kontrolliert werden muss. Und die einzigen Kontrollmechanismen, die in Frage kommen, sind die religiöse oder die Militärdiktatur – da die arabische Welt von Grund auf demokratiefeindlich sei.

Das also wäre die Realität, wie sie weltweit vielerorts zu beobachten ist und uns täglich in den Nachrichten und den erwähnten Debatten begegnet. Sie vermittelt ein negatives Bild vom Islam und den Muslimen, ein grauenhaftes dazu, nimmt man die zahllosen Verbrechen hinzu, die in ihrem Namen begangen werden, und die kulturellen Archaismen, die die muslimischen Gesellschaften umso härter treffen, als diese geprägt sind von prekären Verhältnissen und verheerender Abschottung.

Doch andererseits – und eben hier liegt das Paradox, *das ungeheure Paradox!* – lässt sich auch Folgendes beobachten:

1. Obwohl das Tagesgeschehen ein abstoßendes Bild vom Islam zeichnet, wachsen diesem fortwährend neue Kräfte zu. Er breitet sich aus, mobilisiert und fasziniert die Massen und zieht Menschen aller Länder und Schichten in seinen Bann, die sich berufen fühlen und bekehren lassen, bis hin zu Eliten und berühmten Persönlichkeiten (Wissenschaftlern, Intellektuellen, Sportlern, Künstlern). Er macht selbst vor Militärs, die den islamistischen Terrorismus einmal bekämpft haben, nicht Halt noch vor Repräsentanten des Christen- und Judentums (Pastoren, Rabbinern). Und nicht anders verhält es sich mit dem Islamismus, der mit seiner Gerechtigkeits- und Vergeltungsrhetorik, seiner revolutionären Legendenbildung und seiner Verheißung der Ewigkeit, „Die Verdammten dieser Erde", wie Frantz Fanon[17] sie nannte, in seinen Bann zieht, die Ausgegrenzten und an den Rand der Gesellschaft Gedrängten, deren Zahl infolge der Globalisierung fortlaufend wächst.

2. Allerorten sind renommierte Intellektuelle und Journalisten der arabischen Welt wie des Westens bemüht, ein anderes Bild des Islam und der Muslime zu zeichnen. Sie betonen die Stärke der koranischen Botschaft, einer Hymne auf Frieden und Toleranz. Sie unterstreichen die herausragenden Eigenschaften der Muslime, Gemeinschaftssinn und Gastfreund-

schaft, die Originalität und das hohe Niveau ihrer Kultur. Und sie zeigen anklagend auf Politiker, die den Islam und die Muslime diabolisieren, weil es der eigenen Karriere dient. Sie weisen auf die Fortschritte hin, die hier und da, vor allem im Maghreb, tatsächlich schon erzielt worden sind (die Situation der Frauen, das Erziehungswesen, die Pressefreiheit, etc.) und die das Voranschreiten muslimischer Gesellschaften auf dem Weg in die Moderne belegen; und sie warten mit ungezählten demographischen Indikatoren auf (Einschulungsrate der Mädchen; Rückgang der Endogamie; Zunahme der Mischehen, etc.), die sich in der Tat allesamt den zeitgenössischen Standards annähern.

Der Gedanke, dass die Religion nicht verantwortlich ist für die in ihrem Namen begangenen Verbrechen, ist so alt wie die Religionen selbst. Tatsächlich sind in allen Ländern viele davon überzeugt, dass die den Islamisten zugeschriebenen Attentate – selbst, wenn diese sich zu ihnen bekennen – in Wahrheit von anderen begangen wurden, der CIA, dem Mossad oder den arabischen Geheimdiensten. Manche westliche Intellektuelle glauben sogar, dass die Ära des Westens sich derzeit dem Ende zuneigt und der Islam der Welt vielleicht gerade einen neuen Weg aufzeigt, zumindest aber frischen Wind und neues Leben in den überalterten, verbrauchten Westen bringt. Ähnlich geartete Thesen vertritt auch der französische Philosoph Michel Onfray, der in Frankreich und mutmaßlich in ganz Europa mit seinen fesselnden Vorträgen, die im Internet abrufbar sind und die er an der von ihm gegründeten freien Volksuniversität, der *Université Populaire Libre de Caen*, hält, auf beachtliche Resonanz stößt.

3. Der „Arabische Frühling", einst im Namen der Freiheit und der Demokratie proklamiert, hat den Islamisten überall auf

demokratischem Weg an die Macht verholfen. Und heute rufen die Menschen nach der uneingeschränkten Anwendung des islamischen Rechts, der Scharia, weil sie darin eine Garantie für wahre Gerechtigkeit sehen. Die Staaten des Maghreb und des Nahen Ostens treten in eine Dynamik ein, dank der sich eines Tages vielleicht der langgehegte Traum der Verfechter der *Nahda* erfüllt: die arabischen Länder in einer islamischen Union zu vereinen, als Beginn eines neuen Kalifats. Die Islamisten glauben daran, und manche Beobachter sehen es so kommen, denn Religion, derart überhöht, kann ein kraftvoller gesellschaftlicher Kitt sein. Die Arabische Liga hat sich seit ihrer Gründung im Jahr 1945 um den föderativen Zusammenschluss sämtlicher arabischer Staaten bemüht. Doch das Projekt ist nie sehr weit gediehen – die arabischen Staaten sind in vielerlei Hinsicht allzu unterschiedlich, um sich über einen Kamm scheren zu lassen. Es entstanden einige meist sehr kurzlebige Allianzen, manche sind nie über das Stadium der offiziellen Ankündigung hinausgekommen. Für die kurze Lebensspanne eines Tages oder einiger weniger Monate erblickten zwischen 1958 und 1972 diverse sozialistische Gebilde unter dem Namen Vereinigte Arabische Republik (VAR) das Licht der Welt, der in wechselnden Konstellationen Ägypten und Syrien, Nordjemen und der Irak angehörten. Auch gab es einige rasch wieder begrabene Unionen zwischen Gaddafis Libyen und dem einen oder anderen sogenannten arabischen Bruderland: Ägypten, Algerien, Tunesien oder Marokko. Demgegenüber hat der 1971 erfolgte Zusammenschluss der sieben Emirate Abu Dhabi, Adschman, Schardscha, Fudschaira, Dubai, Ra's al-Chaima und Umm al-Qaiwain zur Föderation der Vereinigten Arabischen Emirate – mit Abu Dhabi als gemeinsamer Hauptstadt und dessen Herrscher, Scheich Chalifa bin Zayid Al Nahyan, als Präsidenten – sich bestens bewährt und bis heute beachtliche Stabilität und ein solides Wirtschaftswachstum an den Tag gelegt. Es ist schon paradox: Wo die Republiken, die doch ausdrücklich den Anschluss an die Moderne anstrebten, gescheitert sind, haben diese feudalistischen, streng religiösen Emirate reüssiert.

Auch die UMA, die *Union du Maghreb Arabe* oder Union des Arabischen Maghreb, die 1989 in Marrakesch zwischen Mauretanien, Marokko, Algerien, Tunesien und Libyen gegründet wurde, existiert nach wie vor. Die Organisation hat ihren Sitz in Tunis und Agenturen in allen fünf Staaten, aber sie bewegt sich im Leerlauf, hat keine politische Orientierung, kein wie auch immer geartetes Programm, und das schon seit ihrer Gründung. Ursachen hierfür gibt es viele: Gaddafis Alleingänge und die Staatsstreiche in Algerien und Mauretanien, der algerische Bürgerkrieg und nicht zuletzt der zwischen den beiden Großen der UMA, Marokko und Algerien, seit Jahrzehnten schwelende Westsahara-Konflikt. Während Marokko darauf pocht, dass die Westsahara marokkanisches Territorium ist, unterstützt Algerien seit jeher den Unabhängigkeitskampf der Polisario.

Infolge der gesellschaftlichen Transformationen, die sich seit Beginn des „Arabischen Frühlings" im Maghreb vollziehen, könnte die UMA, die immerhin seit bald einem Vierteljahrhundert besteht und über eine tragfähige Infrastruktur verfügt, zum Sprungbrett für die Islamisten werden, die in zwei der UMA-Staaten (Marokko und Tunesien) schon an der Macht sind und in den anderen drei (Mauretanien, Algerien und Libyen) auf dem besten Wege dorthin. Die Islamisten könnten endlich ihren alten Traum umsetzen, eine machtvolle islamistische Union zu begründen. Ägypten und der Sudan würden sich dieser naturgemäß anschließen wollen, gefolgt von Syrien und zuletzt den Golfmonarchien. Diese würden nichts unversucht lassen, um die Union zu dominieren und unter ihre Kontrolle zu bringen: Auf der Arabischen Halbinsel hat der Islam einst das Licht der Welt erblickt, dort muss er von neuem hell erstrahlen, und von dort muss er neuerlich zum Aufbruch rüsten, um die Welt zu erobern.

4. In Europa breitet sich der Islam rasend schnell aus, trotz der Hemmnisse, die ihm in den Weg gestellt wurden, allen voran die Demokratie selbst, die zahlreichen islamischen Vorschriften entgegensteht. Junge Muslime der zweiten und dritten Generation engagieren sich massiv und mit flammender Begeisterung für den Islam, von dem sie doch nur rudimentäre Kenntnisse haben, und bekehren erfolgreich ihre christlichen Freunde. Manche radikalisieren sich, manche reisen in der Hoffnung auf Vervollkommnung schließlich in ein islamisches Land. Peschawar, Kairo, Algier, Islamabad, Kabul, Sanaa, aber auch London – so heißen die Traumdestinationen jener Jugendlichen, die sich auf die Suche nach einem Meister begeben, der sie auf den Weg Allahs führt. Und immer kehren sie wie verwandelt von diesen Initiationsreisen zurück.

5. Der Islam hält zunehmend Einzug in Spitzentechnologien und Naturwissenschaften: Nukleartechnik, medizinische Forschung, Weltraumforschung, Informatik ... Ohne jeden Zweifel hat sich eine beachtliche muslimische Wissenschaftselite herausgebildet, die gläubig ist, in ihrem professionellen Umfeld hohes Ansehen genießt, ihren Erfolg auf ihren Glauben zurückführt und sich im Gegenzug der Beförderung des Islam und seiner Verbreitung verpflichtet sieht. Ihre Art der „Mitgliederwerbung" ist äußerst effizient. Die Erfolge dieser muslimischen Eliten überall auf der Welt sind bekannt, denn es wird ausführlich darüber berichtet, im Internet, in Predigten. Und Erfolg ist das beste „Marketing"-Argument, um im akademischen Milieu

neue Anhänger zu finden und junge Menschen zu beeindrucken.

Besonders hingewiesen wird immer wieder auf die wissenschaftlichen Fortschritte des Iran, die umso beeindruckender sind, als das Land unter den Sanktionen des UN-Sicherheitsrats zu leiden hat. Desgleichen wird der wirtschaftliche Erfolg der von Islamisten regierten Türkei begrüßt, nicht nur im Handel, sondern auch in der Industrie, was auf ausgeprägte Management-Qualitäten schließen lässt: ein Knowhow, das bis dato Privileg westlicher Großmächte war. All das sind starke Argumente, um deutlich zu machen, dass der Islam eine weltoffene, mit der Moderne kompatible Religion ist.

Die Türkei gilt sogar als stabilisierender Faktor innerhalb der Region. Woraufhin sich die denkwürdige Frage stellt: Modernisiert die Türkei da gerade den Islam? Oder hat umgekehrt der Islam die Türkei auf friedlichem Weg aus der Militärdiktatur und ihren osmanischen Vergangenheitsträumereien herausgelöst und binnen eines Jahrzehnts soweit modernisiert, dass sie heute, ohne jeden Abstrich an ihrer muslimischen Identität, der EU beitreten will? Dass ein muslimisches Land seine Zukunft in der Moderne sieht und in christlichem Umfeld, in engster Gemeinschaft mit ihm, ist eine außergewöhnliche Entwicklung. Das beweist eine sehr starke Bindung an den Islam, der die Öffnung nicht fürchtet, sondern sie im Gegenteil braucht, um sich zu bewähren. Und es zeigt, dass der Islam auf der Suche nach strategischer Tiefe ist, um sich in einen demokratischen und säkularen Raum hinein auszudehnen, der ihn nicht abweisen, ihm aber auch nicht widerstehen kann. Denn nur dort, nirgendwo sonst, kann der Islam das Ideengut der Demokratie und der Moderne übernehmen, es verarbeiten und transformieren, um es letztlich für die eigene Expansion zu nutzen. Die traditionelle muslimische Welt kann ihm noch lange nicht, auf unabsehbar lange Zeit nicht dieses Sprungbrett bieten. Wenn man genauer hinsieht, ist der islamistischen Gewalt keine große Zukunft beschieden – und sie ist keineswegs immer der zielführende Weg. Der Einfluss der Türkei auf die Araber jeglicher Couleur, auf Demokraten wie Nationalisten, gemäßigte wie radikale Islamisten, ist beträchtlich. Zu Millionen pilgern sie alljährlich in die Türkei, um das *muslimische Wirtschaftswunder* in Augenschein zu nehmen.

Auch der Senegal, Malaysia und Indonesien werden häufig als Beispiele für Staaten zitiert, wo Islam sich auf religiösen Pluralismus und Moderne reimt und sich weder vom Machtapparat noch von den Radikalislamisten vereinnahmen lässt.

Beim Iran fällt das Urteil verhaltener aus. Seine vermutete Verwicklung in den Terrorismus beunruhigt die Araber (denn sie glauben, dass das weniger im Sinne des Islam als zum Nutzen des schiitischen Irans und zu Ungunsten der sunnitischen arabischen Nation geschieht), doch gibt es bis heute keine Beweise, dass sein Nuklearprogramm militärischen Zwecken diene. Der Widerstand des Iran gegen Europa und die USA und seine unerschütterliche Standhaftigkeit tragen ihm die Sympathien nicht weniger Muslime ein. Seine Unterstützung für Hisbollah und Hamas, weitere Helden der arabischen Sache, weiß man zu würdigen, auch wenn die Kluft zwischen Sunniten und Schiiten, die charakteristisch für den Nahen Osten ist (da es im Maghreb keine schiitische Bevölkerung gibt), immer größer wird – vor allem seit dem Ersten Golfkrieg (1980-1988), dem Krieg zwischen dem Irak und dem Iran, und dem Start des iranischen Atomprogramms, von dem die Araber fürchten, es könne sich eines Tages auch gegen sie richten. Der alte, unauflösbare Hass zwischen Persern und Arabern, Schiiten und Sunniten ist noch immer präsent, unter Kontrolle zwar, doch anhaltend lebendig.

Bei allen Differenzen sind sich die Muslime indes darin einig, dass an erster Stelle die erwiesene Nuklearmacht Israel wegen ihrer kriegerischen Umtriebe in der Region an den Pranger gehört, und gleich danach Amerika wegen seiner vorbehaltlosen Unterstützung Israels. Dass hier sehr ungerecht mit zweierlei Maß gemessen wird, betonen die Muslime immer wieder, um ihre Unterstützung für den Iran in seinem Kräftemessen mit dem Westen zu rechtfertigen.

Aus den oben gezeigten beiden Islambildern, einem sehr negativen und einem doch eher positiven, geht hervor, wie unzulänglich unser Verständnis der Phänomene hinter dem Erwachen des Islam, seiner Expansion und der Radikalisierung breiter Randzonen der muslimischen Community ist – einer Radikalisierung, die vor drei Jahrzehnten in den Ländern des Maghreb und des Nahen Ostens begonnen und sich seit dem „Arabischen Frühling" eklatant und ziemlich unerwartet bestätigt hat.

In Europa kann man sich die wachsende Radikalisierung junger Muslime der zweiten und dritten Generation und zum Islam konvertierter junger Europäer gar nicht erklären. In endlosen Debatten wurden alle nur denkbaren Ansätze erkundet, und alle nur möglichen Versuche wurden unternommen, um Spannungen abzubauen und neue Formen des „Zusammenlebens" zu fördern, vergebens. Heute ist man an einem Punkt angelangt, wo die Radikalisierung der einen die Antwort auf die Radikalisierung der anderen gibt. Im Blick auf das Tagesgeschehen und extremistische Auswüchse aller Art wird es immer wahrscheinlicher, dass es zu einem Bruch zwischen den Muslimen und den nationalen Mehrheitsgesellschaften der Länder, in denen sie leben, kommt – falls es überhaupt je eine Allianz zwischen ihnen gab.

Das Erstarken des Islam und die Radikalisierung zahlreicher Muslime sind so schwer zu verstehen, weil der Islam von der Öffentlichkeit unbemerkt eine Wandlung vollzogen hat. Plötzlich war er wieder da: ein Knalleffekt, der alle aus dem Konzept gebracht hat. Der Islam dämmerte seit Jahrhunderten vor sich hin (seit dem 11. Jahrhundert, sagen manche Spezialisten). In Europa interessierte sich niemand für ihn außer einer Handvoll Wissenschaftler im Elfenbeinturm, und die Feudalregime der islamischen Welt hatten ihn bewusst im Zustand rückschrittlicher Ignoranz gehalten, um das Volk besser kontrollieren zu können. Die europäische Kolonisierung der muslimischen Länder im 19. Jahrhundert, sodann die sozialistische Ausrichtung der meisten dieser Länder (Ägypten, Syrien, Irak, Tunesien, Jemen, Libyen, Sudan, Indonesien, Algerien, Mali, Guinea, Niger, Afghanistan, Albanien ...) im Gefolge der Unabhängigkeit – das alles hat den Rückfall des Islam unter die Wahrnehmungsgrenze noch beschleunigt. In den mehrheitlich revolutionären, sozialistischen Entwicklungsländern galt Religion mit Karl Marx als „Opium fürs Volk", und die Handvoll islamistischer Oppositioneller wurde unterdrückt. Sie wurden ins Exil geschickt, wie Khomeini im Iran, Rachid Ghannouchi in Tunesien; ins Gefängnis gesteckt, wie Abassi Madani und Ali Benhadj, die Gründer der Islamischen Heilsfront, in Algerien; ermordet, wie Hassan al-Banna, Gründer der ägyptischen Muslimbruderschaft; oder zum Tode verurteilt und hingerichtet, wie Sayyid Qutb, Chefideologe der Muslimbruderschaft. Und während der ganzen Zeit hatte der radikale Islamismus im Untergrund überdauert, wo er von der einen wie der anderen Seite, den USA wie den konservativen Golfmonarchien, vereinnahmt und als Bollwerk gegen den von Moskau unterstützten Kommunismus instrumentalisiert wurde. Damals hat er auch Kontakte zu Terrorgruppen der extremen Linken und zu Drogenkartellen geknüpft.

Wie aber konnte der Islam, nachdem er gänzlich vom Schirm der seit dem Mittelalter vom christlichen Abendland monopolisierten Geschichte verschwunden war, nun in so kurzer Zeit, innerhalb von nur zwei oder drei Generationen, mit solcher Urgewalt und solcher alles mit sich reißender Selbstsicherheit erneut auf der Weltbühne auftauchen? Die generelle Ablehnung der westlichen Zivilisation, die durch ihre Kriege, darunter zwei monströse Weltkriege, ihren rassistischen Kolonialismus und ihren ausbeuterischen Kapitalismus ihre Glaubwürdigkeit verloren hat, erklärt nicht alles. Man muss die Geschichte des Islam zurückverfolgen bis zur Botschaft des Korans, um zu erkennen, was einer solchen Entwicklung förderlich war.

Da ist zum einen das Wiedererwachen des Islam, das sich in der gesteigerten Frömmigkeit vieler Gläubigen und einer Rückkehr zu den Urwerten des frühen Islam zeigt – eine Denkbewegung, die man auch Salafismus nennt (von arab. *salaf*, ,Vorgänger', ,Vorfahre'). Und zum anderen sind da die Islamisten mit ihrem unbändigen Streben nach Macht, einer demiurgischen, totalitären Macht: sowohl über die Gesellschaft, die sie schon jetzt permanent in jeder erdenklichen Form terrorisieren, als auch über den Staatsapparat, der von ihnen umklammert und durch unablässig neue Forderungen ausgehöhlt wird. Zudem bekunden sie den festen Willen, all jene abzustrafen, die für die Regression des Islam verantwortlich sind und die *Umma* entzweit und gedemütigt haben – man will es dem Westen und seinen Handlangern in der arabischen Welt (den korrupten arabischen Regimen, den verwestlichten Intellektuellen, die den Islam so bereitwillig verunglimpfen) einmal so richtig zeigen. Fernziel: die Wiedereinführung des Kalifats unter arabischer Leitung und letztlich die Weltherrschaft.

Mancherorts sind die Resultate durchaus greifbar. Hier und da sind muslimische Gemeinden entstanden, die nach den strengen Regeln des Islam leben; in etlichen arabischen Ländern sind sie mittlerweile bereits an der Macht. Diese „success stories" dürften vielen ein Vorbild sein, die sich berufen fühlen, weiter auf diesem Weg voranzuschreiten.

Die Ausdehnung des Islamismus und seine Machtergreifung in mehreren Staaten der arabischen Welt beunruhigen umso mehr, als man glaubt, der Siegeszug des sogenannten gemäßigten Islamismus bereite die Machtergreifung des radikalen Islamismus vor. Auch wähnt man eine höhere Intelligenz am Werk, die über vermeintlich unbegrenzte Mittel verfügt. Realität und Wahnvorstellungen verschmelzen miteinander und erschweren die Analyse. Man sieht den Iran, die Golfstaaten oder Qatar in der Rolle eines *deus ex machina*, außerdem weitverzweigte Organisationen wie die Muslimbrüder oder auch Amerika, das großen Anteil an der Verbreitung des Islamismus und seiner dschihadistischen Ausrichtung hat, die ihm in der Ära des Kalten Kriegs genauso zupasskamen wie bei der Kontrolle über die Erdölvorkommen der arabischen Welt.

Wer sich für die Sonderrolle Qatars interessiert, dem sei der autobiographische Bericht zweier französischer Auslandsreporter empfohlen: *Qatar – Les secrets du coffre-fort* (Paris 2013). Darin erklären die Autoren, Christian Chesnot und George Malbrunot, die 124 Tage lang von der Islamischen Armee des Irak in Geiselhaft gehalten wurden, Qatar habe eine nicht unwesentliche Rolle bei ihrer Freilassung gespielt.

Schließlich wären da noch die arabischen Diktatoren zu nennen, die, wie man weiß, der Entwicklung des radikalen Islamismus kräftig Vorschub leisteten, um dem in der Gesellschaft aufkeimenden Ruf nach Demokratie etwas entgegenzusetzen, der sich nach dem Scheitern des sowjetisch inspirierten Sozialismusmodells immer lauter und mutiger erhob, zumal aus den Milieus der Studenten, der Frauenbewegung und der Gewerkschaften. Und nicht zuletzt wäre da der israelisch-palästinensische Konflikt mit seinem fantastischen Mythenrepertoire sowie die Globalisierung, die jene in abgrundtiefe Verwirrung stürzen kann, die jäh mit ihr konfrontiert sind und schmerzlich spüren, dass in der neuen Weltordnung kein Platz für sie ist.

All diese Faktoren gilt es, näher in den Blick zu nehmen. Wenn wir die Geschichte des Islam und der muslimischen Welt in ihrem Zusammenspiel mit der übrigen Welt nicht kennen, von den Kreuzzügen über die Reconquista bis hin zur Kolonisation, nicht zu vergessen das Ende des Arabischen und des (von Kemal Atatürk abgeschafften) Osmanischen Kalifats, sowie die Gründung des Staates Israel – historische Eckdaten, auf die sich die arabo-islamische Welt fortlaufend bezieht –, werden wir nichts über seine künftige Entwicklung vorhersagen können oder wenigstens den Stellenwert jener mehr oder minder realistischen, mehr oder minder mythischen Ziele begreifen, die von den Muslimen einerseits, den radikalen Islamisten andererseits angestrebt werden, ohne zwangsläufig deckungsgleich zu sein. So ist die Wiedereinsetzung des Kalifats, das über die gesamte muslimische Welt herrschen soll, für die radikalen Islamisten ein bedeutendes Ziel, für den einfachen Muslim dagegen nur eine alte Geschichte, da die modernen Konzepte „Nation", „Staat" und „positives Recht" weitestgehend den mythischen Begriff des „Kalifats" verdrängt haben, in welchem die „Umma", die weltweite Gemeinschaft der Muslime, vom Gesetz der „Scharia" regiert wird.

Im Verlauf der letzten dreißig Jahre hat sich die Sicht auf den Islam mindestens viermal geändert. Dadurch wurde der Blick auf die Realitäten getrübt und der Prozess der fortschreitenden Radikalisierung, der den Islam von innen her erfasste, nicht erkannt.

1. Anfangs wurde er mit Sympathie betrachtet. In diesem wiedererwachenden, fordernden und kämpferischen Islam erblickte man ein Werkzeug, mit dem die muslimischen Völker sich der Diktaturen, die sie unterdrückten, entledigen würden, um sich in der Folge dem Westen anzunähern – und dem Dunstkreis Moskaus zu entkommen. Man hat mit gleichbleibender Sympathie das Abenteuer der afghanischen Mudschaheddin verfolgt, die die Sowjets aus ihrem Land jagten, das Abenteuer der Mullahs, die den Schah vom Thron stürzten, und jenes der algerischen Islamisten, die die Junta der Generäle zu Fall bringen wollten. Das Wort vom „befreienden, emanzipatorischen Islam" machte die Runde.

2. Dann mit einer gewissen Besorgnis. Der befreiende Islam verwandelte sich unter dem Einfluss der Islamisten und wurde zum Synonym für Rückschrittlichkeit. Mit ihrer Rigidität und Intoleranz gerieten sie in Konflikt zur Gesellschaft, die ein besseres Leben anstrebte; machten Jagd auf Frauen, Künstler, Intellektuelle, Homosexuelle, Juden, Christen und nichtmuslimische Ausländer. Das Bild der Taliban, die Frauen steinigen, bei der geringsten Kleinigkeit Hinrichtungen durchführen und das historische Kulturerbe ihres Landes zerstören (man denke an die gewaltsame Sprengung

der monumentalen Buddha-Statuen von Bamyan), hat die Welt erschüttert und empört.

3. Die Besorgnis verwandelte sich in Angst, als die Islamisten zu den Waffen griffen, um die Gesellschaft unter ihre Kontrolle zu bringen und die Welt, wo immer es ging, mit Terror zu überziehen.

4. Die vierte Phase, und in ihr befinden wir uns gerade, ist von Wut und Konfrontation geprägt. Der Terrorismus ist wohl abgeflaut infolge der beklemmenden Verstärkung der Sicherheitsvorkehrungen in allen Ländern, doch der radikale Islamismus hat nur die Strategie gewechselt. Verdeckt wie ein Wurm in der Frucht rückt er nun vor und setzt sich überall fest: in den islamischen Staaten, und bis hinein ins Herz der westlichen Welt. Das führt zu gewaltigen Spannungen, die die Gesellschaften vor die Zerreißprobe stellen.

Es sieht heute so aus, als würde in der nächsten Phase der Islam selbst beschuldigt – nicht länger nur der Islamismus. Was die von Samuel Huntington 1996 lancierte, von George W. Bush aufgegriffene und in die Tat umgesetzte Hypothese vom *Clash of Civilizations* erhärten würde: dass nämlich die Welt tatsächlich mitten in einem „Kampf der Kulturen" steckt und nicht nur einen Feldzug gegen Terrorismus und radikalen Islamismus führt. Diese holistische, apokalyptische Sicht der Dinge wird von den Extremisten beider Lager geteilt und mit großer Entschlossenheit vorangetrieben.

All dies ist also in Betracht zu ziehen, und man muss lernen, zwischen tatsächlicher und gefühlter Realität zu unterscheiden. Gefühltes mag hier übertrieben sein, da Angst stets neue Ängste schürt – und die Realität dann wie im Zerrspiegel wahrgenommen wird. Dort wiederum mag das Gefühlte die Realität verharmlosen, weil es an Informationen fehlt oder das Bedürfnis nach Beruhigung überwiegt. Es gibt die trügerische Ruhe vor dem Sturm, aber auch den Sturm im Wasserglas. Wir müssen unsere Urteilskraft schärfen und unser Unterscheidungsvermögen. Das wiederum geht nicht ohne eine Vertiefung grundlegender Kenntnisse der Materie. Eben hierzu möchte dieser Essay seinen Beitrag leisten.

IV. Die treibenden Kräfte des Islamismus

Der Islamismus als solcher ist weder absurd noch wirklich gefährlich. Er ist eine ultra-orthodoxe Strömung mit dem Ziel einer radikalen Transformation der muslimischen Länder, und letztlich der Welt, die politische und religiöse, soziale und kulturelle Aspekte umfasst. Solcherlei Strömungen hat es in der Geschichte des menschlichen Zusammenlebens schon immer gegeben, es wird sie weiterhin geben. Und man kann sie bezähmen, hält man ihnen beizeiten adäquate Programme und Ideen entgegen.

In den meisten islamistischen Strömungen wird die Transformation der Gesellschaft auf klassischem, eher friedlichem Weg angestrebt: Predigt und politische Partizipation, soziales und karitatives Engagement sind Mittel der Wahl, daneben die Unterwanderung großer staatlicher Institutionen wie Armee, Justiz, Erziehungswesen, Universitäten, aber auch ziviler Organisationen bis hinunter auf die Ebene kleiner und kleinster Stadtteilvereine. So die Strategie, die bei den sogenannten gemäßigten Islamisten bevorzugt zum Einsatz kommt, die sich unter verschiedensten Umständen bewährt hat, und die sie perfekt beherrschen. Hier sind sie ganz in ihrem Element. Und während sich die Radikalen auf die Gewalt einschwören, lässt diese Strategie sie zudem sympathischer und zivilisierter erscheinen. Auf genau diese Weise sind in der Türkei die AKP, in Tunesien die Ennahda und in Ägypten die Muslimbrüder an die Macht gelangt. Und dennoch stellt man Tag für Tag aufs Neue fest, dass die von ihnen anvisierte Transformation der Gesellschaft nicht zwangsläufig dem Wunsch der türkischen, tunesischen oder ägyptischen Bevölkerung entspricht, die das eine oder andere, aber bei weitem nicht jedes Projekt der Islamisten akzeptieren. Hier stoßen die gemäßigten Islamisten an ihre Grenzen, wenn sie an die Macht streben, diese durch politische und soziale Aktionen und im Marsch durch die Institutionen auch erlangen, aber dann, selbst an der Regierung, ihre Macht nicht einzusetzen verstehen. Bislang haben allein die türkischen Islamisten ihre Regierungsbefähigung unter Beweis gestellt. Sie sind seit einem Jahrzehnt an der Macht, ihre Ergebnisse sind beachtlich und haben ihnen breite Zustimmung eingebracht. Und das bemerkenswerterweise lange Zeit, ohne jemals als Bedrohung für die türkische Demokratie oder für Frieden und Stabilität in der Region zu erscheinen, auch wenn sie im Inneren hart gegenüber der politischen Opposition und den kurdischen Rebellen durchgreifen und das Verhältnis der Türkei zu Europa anlässlich der EU-Beitrittsverhandlungen recht gespannt ist.

Aber es ist noch zu früh, um ein Urteil über die Situation in der arabischen Welt abzugeben. Der „Arabische Frühling" ist längst nicht abgeklungen, die neuen Kräfteverhältnisse sind keineswegs konsolidiert, sondern extrem konfliktuell, was zur Radikalisierung der verschiedenen Akteure führen könnte, oder auch, wie derzeit in Ägypten, zur Eskalation der Gewalt.

Andere islamistische Strömungen hingegen wenden von vornherein radikale Methoden an, um die Bevölkerung ihrer Länder zu unterdrücken und deren totale, sofortige Unterwerfung zu erzwingen. Das geht über Schikane, Einschüchterung und Psychoterror bis hin zum offenen Angriff und zur Eskalation von Terror und Gewalt. Dieses Vorgehen ist aus Somalia, Afghanistan und Algerien bestens bekannt, ebenso aus dem vorübergehend von der AQMI (al-Qaida im Islamischen Maghreb) kontrollierten Norden Malis und den muslimischen Provinzen Nigerias, in denen die dschihadistische Boko-Haram-Gruppe den Ton angibt.

In jeder Gesellschaft findet sich extremistisches Gedankengut, wenn auch im Allgemeinen als Randerscheinung – in Parteien mit heterogener Anhängerschaft und konfusen Ideen beispielsweise, die mit ihrem meist überstarken Hang, sich wegen Fragen der Führerschaft zu entzweien, nie zu nationaler Bedeutung aufsteigen. Doch im Lauf der Geschichte ist es immer wieder geschehen, dass unter gewissen außergewöhnlichen Umständen marginale Parteien mit ihren marginalen Ideen plötzlich an Bedeutung gewannen und die gesamte Gesellschaftsordnung mitsamt ihrem Wertesystem bedrohten. Mehr als einmal im 20. Jahrhundert haben sie die Menschen nicht nur extrem verstört, sondern zur Überraschung aller jäh die Macht an sich gerissen, diese monopolisiert, in eine absolutistische Herrschaftsform umgewandelt und ihrem Land und der Welt immenses Leid zugefügt. Die Wunden sind bis auf den heutigen Tag nicht verheilt. Und sind solch extremistische Parteien erst einmal an der Macht, enthüllen sie ihre wahre Natur und ihre extreme Gefährlichkeit; unaufhaltsam radikalisieren sie sich und errichten eine allmächtige, allgewaltige Diktatur.

So geschehen – vor gar nicht allzu langer Zeit – in Ländern, deren sozio-politische Struktur sie dafür wohl besonders anfällig machte. Die kommunistische Revolution von 1917 zum Beispiel fand im russischen und chinesischen Feudalsystem den idealen Nährboden für das Aufkeimen von Stalinismus und Maoismus, deren Bilanz so über alle Maßen grauenvoll ist. Und aus der islamischen Revolution gingen unter dem Druck archaischer Gesellschaftsstrukturen, die noch dazu unter der Politik korrupter, despotischer Regime und dem begehrlichen Zugriff des Auslands ächzten, immer wieder islamistische Diktaturen hervor, die zu Bürgerkrieg und Regression, Isolation und Verelendung führten, zum Beispiel im Iran. Doch dasselbe ist auch in Ländern geschehen, in denen ein solches Gedankengut eigentlich gar keine Chance hatte, aus der Marginalität herauszukommen: im Herzen Europas, wo 1929 die Weltwirtschaftskrise mit all ihren Auswirkungen die demokratischen Systeme dazu brachte, mit Nationalsozialismus und Faschismus niederzukommen. Und eben deshalb sehen wir heute mit solcher Sorge auf den unerbittlichen Vormarsch des Islamismus und seine Neigung, keinerlei Opposition zu dulden und sich angesichts unüberwindbarer Schwierigkeiten zu radikalisieren.

Und wir sind umso besorgter, als sich die Dämme, die ihn aufhalten sollen, in einem durchaus maroden Zustand befinden. Wer kennt ihn denn noch, den Islam als eine Offenbarungsreligion, die dem Menschen „den rechten Pfad" (*as-sirât as-mustaqîm*) weist, wie es in der ersten Koransure, genannt „die Öffnende" (*al-Fâtiha*), heißt? Wer, selbst unter seinen treuen Anhängern, hat den Islam wahrhaft durchdrungen? Und wer lehrt ihn und wie wird er gelehrt? Allem Anschein nach haben die Menschen verlernt, seine heilsame, normative Kraft zu nutzen, um den Todesideen, die von den Predigern des radikalen Islam unters Volk gestreut werden, etwas Wirkungsvolles entgegenzusetzen. Schließlich stellt sich die Frage: Woher sollte er denn kommen, dieser hehre, aufgeklärte Islam, der die muslimischen Gesellschaften voranbrächte? Und wer sollte ihn den Gläubigen nahebringen? Wie friedliebend und tolerant ist ein Islam, der in illegalen Behelfsmoscheen verkündet wird, die sich jeder Kontrolle entziehen? Zumal sich die dortige „Lehre" auf die primitive Indoktrinierung derjenigen beschränkt, die jede Orientierung verloren haben oder mit der Gesellschaft, in der sie leben, auf Kriegsfuß stehen.

Zwar ist die Demokratie ein machtvolles Bollwerk, doch befindet sie sich auf dem Rückzug – selbst in ihrer angestammten Heimat bezeugen dies der wachsende Extremismus und die zunehmende Wahlmüdigkeit. Dort, in Europa, ist zugleich ein endogener Islamismus im Kommen, der sich lautstark fordernd artikuliert, was ja noch zu begreifen wäre, der aufgrund seiner zahllosen Kontakte zur islamistischen Internationale aber auch von der Gewalt fasziniert ist und zunehmend den Verlockungen des internationalen Dschihad erliegt.

Zugleich zeichnet sich vor dem globalen Horizont ein beklemmend düsteres Szenario ab: eine schwere Wirtschaftskrise ohne absehbares Ende, fortschreitende Umweltzerstörung, wachsende Unsicherheit und immer größere Verunsicherung, dazu eine Globalisierung ohne moralischen Kompass, die sich als gewaltige Spekulationsmaschinerie entpuppt und sich ebenfalls jeder Kontrolle durch demokratische Institutionen entzieht.

Hinzu kommt allenthalben der Trend zum „politisch Korrekten", der paradoxerweise in Staaten mit uralter demokratischer Tradition grassiert – mit katastrophalen Auswirkungen. Angst mag dahinter stecken oder die Sorge, die zwischen einzelnen Communities bestehenden Spannungen weiter zu verschärfen. Doch das ist das Ende einer jeden echten Debatte. So kann kein Gegengewicht gegen die Drohungen der einen und die Einschüchterungen der anderen entstehen. In den Augen der Radikalen ist diese selbstauferlegte Zurückhaltung nurmehr der Beweis dafür, dass die Gesellschaft kapitulationsreif ist und es wohl genügt, ihr einen kleinen Stoß zu versetzen, um sie vollends zu zerrütten.

Es gibt beredte Beispiele, wie man jede Diskussion im Keim erstickt. In Algerien riskiert jeder, der das Wort „Terrorismus" in der Öffentlichkeit ausspricht, eine Geldbuße oder gar Gefängnisstrafe. So will es das sogenannte Nationale Versöhnungsgesetz, das de facto nur eine Generalamnestie für sämtliche während des Bürgerkriegs begangenen Verbrechen darstellt. Und das Strafmaß erhöht sich noch, wenn der Zuwiderhandelnde explizit von „islamistischem Terrorismus" spricht. In Europa kommen derlei Verbote auf leisen Sohlen daher. Wohl jeder dürfte mitbekommen haben – denn die Medien berichteten ausführlich –, dass François Hollande bei seinem triumphalen Einzug in Mali nicht ein einziges Mal von „islamistischem Terrorismus" sprach – und das, nachdem französische Truppen Timbuktu gerade erst befreit und die Islamisten davongejagt hatten, die die legendäre Stadt besetzt und ihr Weltkulturerbe zu großen Teilen vernichtet hatten. Die rhetorischen Winkelzüge des französischen Staatspräsidenten wurden als verbindliche Sprachregelung interpretiert, denn seither wurde von keiner *autorisierten Stimme* in Frankreich mehr dieser Ausdruck benutzt.

Fragt sich nur, gegen wen die französischen Soldaten sich da eigentlich geschlagen haben, und wer da eigentlich Timbuktu zerstört und seine Einwohner massakriert hat. Indem er den islamistischen Terrorismus nicht beim Namen nennt, begeht Hollande Verrat an den französischen Soldaten, die sich im Nahkampf gegen die Islamisten von AQMI (al-Qaida im Islamischen Maghreb) und MUJAO (Bewegung für Einheit und Dschihad in Westafrika) schlagen; er begeht Verrat an den französischen Geiseln, die ihnen in die Hände gefallen sind, Verrat an der Bevölkerung Malis, die unter ihrem Regiment gelitten und ihrerseits nicht im mindesten gezögert hat, das Kind beim Namen zu nennen; und er begeht Verrat an den Muslimen, die sehr genau wissen, was ihrer Religion und ihrem Land schadet und was nicht. Ziemlich viel Verrat auf einmal, der sich durch keine Diplomatie legitimieren lässt.

Wie hieß es noch gleich bei Camus: „Wer die Dinge beim falschen Namen nennt, trägt zum Unglück der Welt bei."

Die Debatte ist also verstummt, in allen Ländern, verstummt infolge von Einschüchterung oder Zensur, Selbstzensur oder allzu verbrämter Ausdrucksweise. Wie auch immer, fortan ist die Debatte über den Islam jedenfalls aus dem öffentlichen Raum verschwunden. Dabei muss aber doch auch der Islam analysiert, diskutiert, hinterfragt, in die Pflicht genommen und gegebenenfalls kritisiert werden können. Wie anders sollte man sonst die Stellung der Frau im Islam verbessern, wie sonst den Islam mit der Demokratie und der Moderne aussöhnen, wie sonst die Bürgerrechte mit den Rechten und Pflichten des gläubigen Muslims vereinen, wie den Islam einer Jugend, die ihre Identität sucht, vermitteln, wie das Zusammenleben von Muslimen und Nichtmuslimen gestalten? Alles Fragen, die seit Jahrhunderten einer Antwort harren – in der modernen Welt, die mit so manch althergebrachter Gewissheit aufgeräumt hat, dringlicher denn je. Nur in der ehrlichen, offenen Diskussion über eben diese Fragen werden wir die Argumente finden, die uns helfen, die Falschheit des Islamismus zu enttarnen und ihn zum Rückmarsch zu bewegen. Und wir müssen diese Argumente um so dringender finden, als der Islamismus ja behauptet, seine Legitimität aus dem Islam zu beziehen, gar dessen loyaler Hüter zu sein – und sich von daher das Recht anmaßt, uns zu kritisieren, zu verurteilen und zu töten.

Doch den Islamismus zu kennen, das allein ist nicht genug – wenngleich wir schon sahen, wie schwierig es ist, ihn mitsamt allen Inhalten und Formen zu erfassen, die sich im Laufe der Zeit oft und substantiell gewandelt haben. Nein, man muss auch die treibenden Kräfte kennen, die an seiner Ausbreitung mitwirken.

1. Die radikalen religiösen Strömungen

Aus den ersten Schismen in der Frühzeit des Islam gingen orthodoxe religiöse Strömungen hervor, die ihrerseits ultraorthodoxe Ableger hatten: zum Beispiel den saudischen Wahhabismus – das Nonplusultra muslimischer Orthodoxie –, der dem sehr orthodoxen Zweig des Hanbalismus entspross, welcher seinerseits vom Sunnitentum, der ersten orthodoxen Strömung des Islam, abstammt. Im Verlauf dieser Entwicklung hin zu immer mehr Fundamentalismus und Radikalismus bildete sich dann im 20. Jahrhundert der Islamismus heraus als eine Mixtur aus Religion, Politik und Revolution – daher auch die vielen hybriden Bezeichnungen: politischer Islam, radikaler Islam, islamische Republik, islamische Revolution und so fort.

Allerdings bot das 20. Jahrhundert mit seinen beiden monströsen Weltkriegen, der gewaltigen Weltwirtschaftskrise vom Jahr 1929 und dem unter dem Ansturm des westlichen Kolonialismus erfolgten Zusammenbruch des Osmanischen Reichs – als letztem Kalifat und Rückgrat dessen, was vom islamischen Großreich verblieben war – den idealen Nährboden für jede Art von Feindschaft und Hass, Radikalisierung und Neuordnung der Welt. Wohl noch nie hat ein Jahrhundert so viel Elend und Leid über die Menschheit gebracht, einen derart hohen Tribut an Toten und Kriegsverletzten gefordert. Für die muslimische Geistlichkeit war es ein Zeichen des Epochenwandels – sie fühlte sich aufgefordert zu handeln. Man darf nicht vergessen, dass der Kalif zwar zugleich Staatschef und geistiges Oberhaupt der Muslime, vor allem aber Stellvertreter des Propheten auf Erden (arab. *khalîfa*, ‚Stellvertreter', ‚Nachfolger') ist. Das Verschwinden des Kalifats und die Zerstückelung der arabischen Welt durch die europäischen Kolonialmächte hatten den Islam herrenlos und zum Spielball feudaler Kräfte gemacht. Für die Islamisten war eine ideale Welt zusammengebrochen. Schuld war in ihren Augen der Westen und das Versagen der muslimischen Führungsriege.

Tatsache ist jedoch: Die Islamisten sind flexible Opportunisten. Für sie ist die Religion eine Art Selbstbedienungsladen, in dem sie zu jedem Anlass das Passende finden. Sie plündern nach Belieben den mächtigen Baum des Islam, beleihen bald diese, bald jene Strömung (Schia, Sunnitentum), Sekte oder Doktrin. Allen voran das Wahhabitentum und diverse reformistische Bewegungen, so die algerische, mit dem Namen von Scheich Ben Badis verknüpfte Ulema-Bewegung. Ruhmreiche Kapitel aus der Geschichte der Araber greifen sie sich heraus. Oder ausgewählte Passagen aus den Schriften der großen Theologen und Gelehrten. Das können die Älteren sein wie Al-Buchârî, Ibn Taymîya, Ibn Tumert, oder zeitgenössischere Denker wie Dschamâl ad-Dîn al-Afghâni, Hassan al-Banna, Sayyid Qutb oder Said Ramadan, Schwiegersohn Hassan al-Bannas und einer der führenden Köpfe der Muslimbrüder, dessen Weg ihn über München und Köln nach Genf geführt hat, wo er 1961 ein Islamisches Zentrum gründete, das heute sein Sohn Hani leitet, während ein anderer Sohn, Tariq, als Islamwissenschaftler, Vordenker eines europäischen Islam und Berater verschiedener nationaler und internationaler Institutionen hohes Ansehen genießt. Nicht zu vergessen Sayyid Abû-l A'lâ al-Maudûdî (1903-1979), indisch-pakistanischer Reformdenker und Journalist, oder Yusuf al-Qaradâwî (geb. 1926), spiritueller Chef der Muslimbrüder und bekannter Fernsehprediger, der heute von Qatar aus via Al-Dschasira als „globaler Mufti" die arabo-muslimische Welt beschallt. Auch bei den großen Scheichs der Al-Azhar-Universität wird angeklopft, den Autoritäten in allen Dingen des *fiqh*, der islamischen Jurisprudenz. Und wenn die Großdenker aus Kairo ihr Placet verweigern (was sie mitunter tun, und das ehrt sie, denn es ist gefährlich, einem arabischen Potentaten oder einem Islamisten etwas abzuschlagen), dann greift man eben auf die Dienste skrupelloser, unqualifizierter „Exegeten" zurück. Denn diese scheuen sich nicht, die Heiligen Schriften zu verfälschen, um sich einen Namen im dschihadistischen Milieu zu machen, wo man ständig auf der Suche nach neuen Leitfiguren ist.

So werden beispielsweise Angriffe auf die Zivilbevölkerung, darunter Frauen und Kinder, als Akte des Dschihad, des Heiligen Kriegs legitimiert – von Exegeten, die damit nicht nur die explizite Lehre des Korans und des Propheten verraten, sondern für ihre Beweisführung auch noch auf Hadithe zurückgreifen, die von allen großen Strömungen des Islam für apokryph befunden wurden. Wenn sie nicht gleich mit eigens fabrizierten Fälschungen aufwarten, frei nach dem Motto: *Wer nicht mit uns ist, der ist gegen uns und gegen Allah; er muss bekämpft und vernichtet werden, und mit ihm seine ganze Brut*. Eben das hatten seinerzeit die algerischen Islamisten der FIS erklärt und die übrigen Islamisten übernahmen deren Devise im

Handumdrehen. Und das Regime konterte im gleichen Stil: *Wer nicht mit uns ist, der ist gegen uns und wird vernichtet.*

Der Islamismus von heute ist ein einziges „Nebelgewölk", in dem selbst die Experten es nur mit Mühe schaffen, den Durchblick zu bewahren: hier die Verknüpfungen zwischen den einzelnen Strukturen zu erkennen, dort das Zusammenspiel der zahlreichen islamistischen Organisationen zu verstehen, welche sich selbst nie als islamistisch, sondern stets als islamisch definieren und so gut wie nie ein politisches Ziel auf ihre Fahnen schreiben. Außerdem setzen die offiziellen Einrichtungen sich oft in informellen Strukturen fort. So können sich etwa im Umfeld einer klassischen, ganz normalen islamischen Institution, sagen wir einer Moschee, unterschiedliche religiöse, pädagogische, kommerzielle oder finanzielle Ensembles ansiedeln – manche regulär konstituiert, andere eher informeller Natur. Sie alle können wiederum neue Ausläufer von variabler Lebensdauer bilden, mehr oder weniger am Rande der Legalität, und ohne jede organische Verbindung untereinander. Und dennoch ergibt das Ganze einen pulsierenden Körper ohne fest umrissene Form, der von denselben nervösen Impulsen gesteuert wird und fest umrissene Ziele verfolgt. Innerhalb des islamistischen Nebelgewölks genügt schon ein Wort oder ein Telefonanruf, um zwischen den einzelnen Gruppierungen Allianzen zu knüpfen oder zu lösen. Wobei letztere fortlaufend ihren Namen, ihren Anführer oder Standort wechseln, was eine lückenlose Rückverfolgung ungemein erschwert.

Ist es der ureigene Reflex der arabischen Welt, religiöse Strukturen endlos zu vermehren, um Glauben und religiöses Engagement zur Schau zu stellen – zumal die Bigotterie Teil des muslimischen Universums ist? Ist es die überkommene Stammesstruktur, in der jeder Stamm auf eigene Faust und Rechnung agiert? Oder sind es Sicherheitserwägungen, welche den Ausschlag geben? Wie auch immer, die Netzwerke werden oftmals verstärkt: durch weitere Netzwerke, die aktiv oder inaktiv sein können, konkurrierend oder komplementär. Die islamistische Welt ist beweglich und sehr reaktiv. Sie wird täglich modifiziert und verändert sich ständig, passt sich den Umständen und dem Wesen ihrer Führer an, die sich als Kriegsherren, Kaufleute, Pädagogen, Imame, Prediger oder Exegeten verstehen. Auch darf man nicht vergessen, dass die Islamisten ihr militantes Engagement innerhalb der Strukturen, in die sie eingebunden sind, als Full-Time-Job betrachten. Religion und Dschihad haben absolute Priorität. Diese geballte Dosis hält sie in einer Art makabrer Verzauberung befangen, die sie der Welt gegenüber taub werden lässt. Vielleicht rührt daher ja auch die Bezeichnung *les fous d'Allah*, „Allahs Narren", wie man sie oft nennt.

So gibt es in einem Stadtteil mitunter mehrere Moscheen, obwohl eine einzige für die Belange der Anwohner vollauf genügt. Rational lässt sich dieses Überangebot kaum erklären. Meist kommt es durch den historischen Wettstreit verschiedener Traditionen zustande, wo jede Glaubensrichtung auf ihrer eigenen Moschee mit dem Namen eines ihrer Doktrin angehörenden Imams besteht. Es kann aber auch aus der Rivalität verschiedener Gruppen innerhalb der ansässigen Bevölkerung resultieren, von denen jede eine Versammlungs- und Gebetsstätte ganz für sich allein haben will. Im Migrantenmilieu, wo die Bevölkerung natürlicherweise buntgemischt ist und nationale, ethnische oder religiöse Differenzen bestehen, kommen zur Konkurrenzsituation weitere Kriterien hinzu, die Rechtslage im Gastland betreffend und das Kräfteverhältnis innerhalb der Gemeinde, zwischen den einfachen Gläubigen, die in die Moschee gehen, um zu beten und über die Geschehnisse im Stadtteil zu diskutieren, und den dschihadistischen Salafisten, für die die Moschee ein praktisches, unverdächtiges Hauptquartier ist, von wo aus sie die Aktivitäten ihrer militanten Kämpfer lenken können. Oft entspinnen sich auch erbitterte Kämpfe um die ideologische Führung der Moschee. Aus lokaler Perspektive ist die Moschee ein Machtzentrum, das religiöse, politische, ökonomische, kulturelle und erzieherische Funktionen erfüllt, sich als vermittelnde Instanz zu den staatlichen Behörden versteht und das Monopol in der Beschaffung von Geldern aus dem In- und Ausland für sich in Anpruch nimmt.

Herzstück der islamistischen Weltbewegung ist die panislamische Muslimbruderschaft. Ihren historischen Sitz hat sie in Ägypten, wo sie 1928 gegründet wurde. Die Anhänger dieser schier unübersehbar weitverzweigten Organisation gehen in die Millionen: in Ägypten, den islamischen Staaten, der ganzen Welt. Koordiniert wird das Ganze offenbar von London aus, von der *Muslim Association of Britain*, welche sich in finanzieller Hinsicht auf die *Al-Taqwa*-Bank (mit Niederlassungen in der Schweiz, auf den Bahamas, in Liechtenstein etc.) und etliche andere arabische und internationale Banken stützt, deren Kapital hauptsächlich aus Saudi-Arabien, Qatar, Kuwait, Bahrain und den Vereinigten Arabischen Emiraten stammt, wie zahlreiche journalistische Recherchen oder Untersuchungen von Islamismus- und Terrorismus-Experten belegen.

Die unlängst (2012 und 2013) von der britischen Regierung ergriffenen restriktiven Maßnahmen gegenüber den Islamisten (Ausweisung charismatischer Islamistenführer und verstärkte Kontrolle der Kapitalströme) könnten die Sachlage ändern.

Doch die Muslimbruderschaft als Ganzes dürfte das kaum tangieren – allenfalls oberflächlich und vorübergehend, denn ihre Flexibilität und Mobilität ist über derartige situationsbedingte Reglementierungen weit erhaben. Überdies bietet das Finanzen- und Bankensystem, auf dem die ganze Organisation ruht, alle nur erforderlichen Diskretionsgarantien und Kommoditäten für sämtliche Akteure weltweit, unabhängig vom Sektor, auf dem sie tätig sind.

Zwar haben die Muslimbrüder im Jahr 1978 im Gefolge des Camp-David-Abkommens, das den Frieden zwischen Israel und Ägypten besiegelt und den Rahmen für Friedensverhandlungen im Nahen Osten absteckt, dem bewaffneten Dschihad (außer in Palästina) eine offizielle Absage erteilt, aber die meisten der islamistisch-dschihadistischen Gruppierungen weltweit berufen sich mehr oder weniger auf die Lehre der Muslimbrüder und finanzieren sich aus denselben Quellen wie sie. Das Fehlen einer organischen Verbindung beweist nichts, und bekanntlich lautet eine der Devisen der Dschihadisten ja auch: „Kampf ist Täuschung" – *al-harb khida'a*.

Als Ägyptens Staatspräsident Sadat 1981 von einer islamistisch-dschihadistischen Gruppierung namens *al-Gama'a al-islamiyya* ermordet wurde, die sich auf die Muslimbrüder berief, hatte man den Beweis, dass die Bruderschaft ihren bewaffneten Arm lediglich in eine Parallelstruktur im Untergrund verlagert hatte, die eigens zu diesem Zweck gegründet worden war. Die Querverbindungen, die zwischen der Krake al-Qaida und den Muslimbrüdern bestehen, sind gleichfalls bekannt, dieselben Menschen, dieselben Ideen, dieselben Netzwerke, tausendfach miteinander verbunden. Und erst im April 2013 hat die dschihadistische Gruppe al-Nusra, die sich im syrischen Bürgerkrieg in vorderster Front gegen die Truppen des Assad-Regimes schlägt, ihre Zugehörigkeit zu al-Qaida offiziell bestätigt.[18]

In so gut wie allen muslimischen Ländern existiert eine legal konstituierte islamistische Partei, die sich auf ihre Abstammung von der Muslimbruderschaft beruft oder erklärt, von dieser beeinflusst zu sein (in Palästina ist das die Hamas, in Algerien die MSP, früher gleichfalls Hamas genannt, in Tunesien Ennahda, in Marokko die PJD, die keine eindeutige Anbindung an die Muslimbruderschaft aufweist, aber deren Gedankengut teilt). Man findet auch islamistische Parteien, die sich auf andere Vorbilder berufen, aber die, wenn es darauf ankommt, zumal im Wahlkampf, gerne ein Bündnis mit den Muslimbrüdern eingehen.

Die Muslimbrüder animieren oder kontrollieren darüber hinaus unzählige religiöse, politische, kulturelle, erzieherische, soziale Organisationen rund um den Globus. Nennen wir hier nur kurz: das Islamische Zentrum Genf (1961 gegr.), die Islamische Gemeinschaft in Deutschland e.V. (1958 gegr.), die Islamische Weltliga (1962 gegr.), den Islamischen Rat Europas (gegr. 1973, London), die Föderation islamischer Organisationen in Europa (FIOE, gegr. 1989, Markfield/England), die Union der islamischen Organisationen in Frankreich (UOIF; gegr. 1983, La Courneuve) oder den 1996 auf Initiative der FIOE gegründeten Europäischen Rat für Fatwa und Forschung, der in Dublin sitzt und dessen Vorsitzender niemand anderer als der bereits erwähnte Fernsehprediger Yusuf al-Qaradâwî ist. Die Liste ist lang und beim aktuellen Stand unseres Wissens um die Beschaffenheit des islamistischen „Nebelgewölks" niemandem wirklich bekannt. Jede neuerliche Recherche fördert weitere Verästelungen und Spuren zutage.

Seit 1933 gibt es ein weibliches, nicht minder weitverzweigtes Pendant der Muslimbrüder: die Muslimschwestern. Die Schwerpunkte ihres Engagements: Anwerbung weiblicher Mitglieder und Kindererziehung, Sammeln von Spenden (Gelder, Kleidung, Lebensmittel) und Verwaltungsaufgaben, Erste-Hilfe-Einsätze im Not- und Katastrophenfall; aber sie sind auch mit anderen Aufgaben betraut, über die wir nur sehr wenig wissen. Zu Wahlkampfzeiten sind sie von beängstigender Effizienz. Unermüdlich statten sie der weiblichen Wählerschaft ihre Besuche ab, wo immer sie diese antreffen – ob zu Hause oder im Hamam, auf Friedhöfen oder Märkten, in Heimen, Krankenhäusern, Fabriken oder Verwaltungsbüros – und begleiten sie bis ins Wahlbüro.

Auf dem Wirtschafts- und Finanzsektor haben die Muslimbrüder enorme Strategien entwickelt, denen sie es verdanken, dass sie heute im Herzen der internationalen islamischen Finanzwelt stehen und mit Prinzen und Emiren aus den Golfstaaten und schwerreichen arabischen Geschäftsleuten Joint Ventures betreiben. Sie investieren in Banken, Börsen- und Investmentgesellschaften, sind aber zunehmend auch in Handel (dem *halal*-Sektor, sofern es die Lebensmittelbranche betrifft), Hotellerie und Industrie vertreten, dort vor allem im Bereich der Hochtechnologie. Die Basis jeder religiösen Hegemonie ist die finanzielle, kommerzielle und industrielle Dominanz – eine Strategie, die die Muslimbrüder und mit ihnen die arabischen Prinzen mit großer Beharrlichkeit und außerordentlichem Talent verfolgen. Die Staatsfonds von Saudi-Arabien und Qatar sind ein Musterbeispiel an Effizienz und Leistung.

Auch auf wissenschaftlichem Gebiet sind die Muslimbrüder überaus ambitioniert. Große Teile ihrer Elite haben an den besten Universitäten der Welt studiert und sich in Spitzenbereichen moderner Forschung und Technologie qualifiziert: Informatik, Nuklearforschung, Mathematik, Medizin, Weltraumforschung. Das ist umso bemerkenswerter, als ihre Herkunftsländer über keinerlei adäquate Strukturen verfügen, um sie aufzunehmen und ihre Kompetenzen entsprechend zu nutzen. Diese bemerkenswerte Begeisterung für die Wissenschaft hat vielerlei Gründe. Schon der Prophet empfahl ja in seinem berühmten Hadith, das Wissen zu suchen, *"und sei es in China"*. Nicht zuletzt will man das Image der Ignoranz und Brutalität abstreifen, das den Muslimen anhaftet. Man will daran erinnern, dass es einst die Muslime waren, die die Wissenschaft vorangetrieben haben, und dass sie die Träger einer strahlenden, von Aufklärung und Fortschritt geprägten Zukunft sind. Und schließlich will man den Staaten, die einmal aus der islamistischen Revolution hervorgehen sollen, das Rüstzeug für ihren Erfolg an die Hand geben. Die Muslimbrüder gewähren hochbegabten jungen Leuten oftmals beträchtliche Stipendien und verfolgen ihren akademischen Werdegang von Anfang bis Ende, um sie im Glauben und der praktischen Ausübung ihrer Religion zu bestärken. Der Strategie des Iran, der ein ziviles Nuklearprogramm aufbaut, das er langfristig vermutlich auch zu militärischen Zwecken nutzt, liegen dieselben Überlegungen zugrunde.

Es deutet sich in dieser Entwicklung ein bemerkenswerter Transformationsprozess innerhalb der islamischen Welt an: die berühmte *Nahda*, von der seit dem Ende des Goldenen Zeitalters sämtliche Muslime nur träumen. Eine Mittelschicht auf hohem Niveau bildet sich heraus, quer durch alle Disziplinen, insbesondere aber in Naturwissenschaften und Technik. Sie hat der islamischen Welt immer gefehlt, weshalb eine intellektuelle Revolution, wie sie die Aufklärung für Europa darstellt, im muslimischen Universum auch nie möglich war. Die Existenz dieser Mittelschicht ist eine notwendige, wenngleich nicht die einzige Voraussetzung, damit eine echte Aufklärung in Gang kommen kann. Zudem müsste die Mittelschicht sich autonomisieren und das muslimische Denken einer kompletten Revision unterziehen. De facto finden zur Zeit zwei parallele Prozesse statt: eine sehr zaghafte Entwicklung hin zu einer Aufklärung im modernen, westlichen – vielleicht sogar universellen – Sinn, und ein sehr viel zielstrebigerer Vorstoß in Richtung auf eine islamische Aufklärung. Beide könnten konvergieren und miteinander verschmelzen, doch die Wahrscheinlichkeit dafür liegt derzeit bei Null: Es ist ein Antagonismus am Werk, den weder die eine noch die andere Seite aushebeln kann oder will. Fast könnte man sagen, dass sich im Schoß der muslimischen Welt ein gewaltiges Schisma vollzieht – der eine Teil schließt sich den westlichen Werten an, der andere versucht, die islamischen Werte des Goldenen Zeitalters mit neuen Inhalten und neuer Anziehungskraft zu füllen. Niemand aber scheint ein gänzlich neues Denken hervorbringen zu können, völlig abseits der Pfade des westlichen wie auch des islamischen Denkens. Daher wird mitunter gesagt, der Islamismus sei im Grunde eine Reaktion, die sich in erster Linie gegen die Muslime richtet. Gegen jene vor allem, die sich seit der Kolonisation peu à peu vom Islam entfernt und Anschluss an die universellen Werte gefunden haben. Aber auch gegen jene, die sich einen modernen Islam wünschen, der sich am Ende, so die Befürchtung der Islamisten, an der Orthodoxie stoßen und letztlich von ihr lösen könnte.

2. Die muslimischen Staaten

Alle modernen muslimischen Staaten haben sich an einem bestimmten Punkt ihrer Geschichte als treibende Kraft bei der Ausbreitung des Islamismus erwiesen – und sie hatten dafür durchaus ihre Gründe. Sie wollten der aus Moskau herüberschwappenden kommunistischen Ideologie Einhalt gebieten – die letztlich doch Fuß fassen konnte und sich in mehreren muslimischen Ländern installierte. Ebenso wollten sie den von Westen inspirierten, lauter werdenden Ruf nach Demokratie übertönen – dessen Ideen dennoch in die Gesellschaft einsickerten und gewisse Kreise (Frauen, Intellektuelle, Studenten, Menschen in liberalen Berufen, Gewerkschaften) für sich gewannen. Damals haben die muslimischen Staaten den Islam zur „Staatsreligion" gemacht: ein politisches Propaganda-Programm zur Manipulation der Massen, das von den Partei-Apparatschiks und der politischen Polizei umgesetzt wurde.

Es war wie eine Einladung an die islamistischen Prediger, die in Windeseile Heerscharen militanter Aktivisten großzogen, die sie dann auf die Demokraten und Kommunisten losließen. Dieselbe Politik wurde vom einen zum anderen Ende der muslimischen Welt verfolgt. Und je mehr die mobilisierende Kraft des Nationalismus, die einst die Unabhängigkeit herbeigeführt hatte, schwand, je mehr sich der internationale Druck für eine Demokratisierung dieser Länder verstärkte, umso mehr forcierte man den Rückgriff auf die Religion in ihrer konservativsten und fremdenfeindlichsten Form. In all diesen Ländern kam irgendwann der Moment, an dem die Ausländer en masse ausgewiesen wurden, und jeder kleidete das in seinen eigenen patriotischen Diskurs: „Ägyptisierung", „Arabisierung", „Algerianisierung", „Marokkanisierung" waren die Schlagwörter der damaligen Zeit.

Letztlich schafften es die herrschenden Regime stets, sich zu halten. Und zu überdauern: im Schatten eines Islams, den sie instrumentalisierten, eines Islamismus, den sie von vorn bekämpften und hintenherum ermutigten. In diesem zähen, gewalttätigen Kampf wurden die Demokraten und die Kommunisten völlig aufgerieben; sie gingen ins Exil oder wurden ermordet. Der Zugriff der Islamisten auf die Gesellschaft verstärkte sich dadurch nur noch mehr. Sie hatten es leichter, ihre Unterwanderungstaktik in die Tat umzusetzen: auf dem Weg über gemäßigte islamistische Parteien, die man eigens gründete, um die Mittelschichten zu ködern. Der Plan wandte sich gegen jene, die ihn ersonnen hatten – die Islamisten entglitten ihnen, spielten ihr eigenes Spiel, und darauf verstanden sie sich nicht schlecht.

Wir sahen es 1979 in Algerien, als der Tod von Präsident Boumedienne (am 12. Dezember 1978) zugleich das Aus für den Nationalismus und die sozialistische Diktatur des Proletariats, für die sein Name stand, bedeutete. Sein Nachfolger, Chadli Bendjedid, musste sich nicht nur vom nationalistischen Diskurs verabschieden, der von der aufgeblasenen Rhetorik und dem Scheitern des sozialistischen Entwicklungsmodells völlig ausgehöhlt war, sondern auch die islamistischen Prediger aus dem Nahen Osten zum Zuge kommen lassen, sprich den Handel liberalisieren, denn in den Augen eines Islamisten ist der Kaufmannsberuf, den auch der Prophet ausübte, die einzig wahre, eines Muslims würdige ökonomische Aktivität. Sie erlaubt es den Islamisten überdies, sich im sozialen und gemeinnützigen Bereich zu engagieren, wodurch sie die Kontrolle über die verarmten, besitzlosen Bevölkerungsschichten erlangen.

Diese *Infitâh* genannte Politik der „Öffnung" oder „offenen Tür", mit anderen Worten der Verzicht auf die sozialistische

Option zugunsten der von den Islamisten gewollten Basarwirtschaft, war analog schon nach Nassers Tod und dem Ende des Nasserismus von Sadat praktiziert worden. Das gilt ebenso für Tunesien und Marokko. In Syrien, dem Irak, und Libyen, wo das Regime fest im Sattel saß, ließ man die Zügel ein wenig schleifen: Korruption und Schwarzmarkt blühten auf und breiteten sich ungehindert in der Mittel- und Unterklasse aus, den für den islamistischen Diskurs besonders anfälligen Schichten.

Man bremste jede gesellschaftliche Entwicklung in Richtung Moderne und damit einhergehende demokratische Gelüste, indem man mehr oder weniger hohe Dosen von Islamismus und Basarwirtschaft injizierte, was eine Illusion von Wohlstand und Freiheit schuf. Überall in der muslimischen Welt erlebte man in den 1970er, 1980er Jahren einen Wirtschaftsboom ohne jeden Mehrwert, der sich der ungezügelten Liberalisierung der Volkswirtschaft verdankte und dem Verzicht auf jede Politik der öffentlichen Hand – die zwangsläufig kostenintensiv ist, langfristig aber für gesicherten Fortschritt sorgt. Da die staatlichen Einnahmen in vielen muslimischen Ländern üppig sprudelten (Erdöl, Minen, Tourismus), konnte dieses Wirtschaftsmodell mehr oder weniger problemlos funktionieren; das Junktim aus Islamismus und Basarwirtschaft schraubt die sozialen Bedürfnisse auf ein Minimum zurück, und dieses ist leicht zu befriedigen. So wird eine Spirale in Gang gesetzt: Das Elend nährt den Islamismus, dieser vermehrt das Elend und so fort.

3. Die intellektuellen Eliten und die Universitäten

Der Fall der Intellektuellen in der arabischen Welt wäre eine umfassende eigene Untersuchung wert.

Wer sich eingehender mit dem Islamismus befasst, stellt

fest, dass die ihm zugrunde liegende Denkströmung nichts mit dem brutalen, primitiven Phänomen gemein hat, das uns im aktuellen Tagesgeschehen begegnet und von den Medien noch dazu willkürlich aufgebauscht wird. An der Basis stoßen wir auf ernsthafte Fragen und komplexe philosophische Überlegungen – dieselben, die einst zu den Glaubensspaltungen innerhalb des Christentums führten. In allen Religionen sind solche Fragestellungen früher oder später einmal aufgetaucht und hatten eine mehr oder weniger grundlegende Neuinterpretation des Dogmas hinsichtlich anerkannter Wahrheiten und religiöser Praktiken zur Folge. Am Anfang sind es immer Intellektuelle und Gelehrte, die den Anstoß zu diesen Debatten geben und deren Resultate in eine verbindliche Form kleiden. Erst später werden diese dann bisweilen von den verschiedensten – liberalen wie fundamentalistischen – Bewegungen aufgegriffen, denen sie als methodologische und ideologische Richtschnur dienen.

Diese Fragestellungen und Überlegungen halten bis heute an, haben sich eher noch verstärkt, und nach wie vor sind dieselben Eliten am Werk. Die einen, wie zum Beispiel die beiden bereits erwähnten Brüder Hani und Tariq Ramadan (die Enkel Hassan al-Bannas, des Gründers der Muslimbruderschaft), sind um die Vertiefung und Ausbreitung des islamischen Denkens unter dem Blickwinkel der Philosophie, die einst ihr Großvater lehrte, bemüht, und wir wissen, wie ungeheuer engagiert sie bei der Sache sind. Die anderen streben im Gegenteil danach, den „Islam vom Islamismus zu befreien", so der angesehene franko-tunesische Denker und Schriftsteller Abdelwahab Meddeb, Autor der vieldiskutierten Islamismus-Kritik *Die Krankheit des Islam*.[19] Oder Malek Chebel, der bekannte franko-algerische Philosoph und Religionsanthropologe, der mit großem Engagement sein Konzept eines *Islam des Lumières* propagiert, also eines „aufgeklärten" oder „erleuchteten Islam", eines „Islam ohne Komplexe". Wieder andere arbeiten daran, die Gesellschaft vom Zugriff des Islamismus zu befreien und am Ende gar Staat und Religion zu trennen. Der französische Philosoph Abdennour Bidar geht noch einen Schritt weiter: Er ist kühn genug, für einen muslimischen Existenzialismus zu plädieren und glaubt, dass die eigentliche Botschaft des Korans sei: Der wahre Muslim ist der, dem es gelingt, sich von Allah frei zu machen. Nicht zu vergessen der algerische Philosoph Mohamed Arkoun (1928-2010), ehedem Professor für islamisches Denken an der Sorbonne, der für einen völlig neu durchdachten Islam der Gegenwart plädiert. Arkoun gilt als geistiger Vater einer *Kritik der islamischen Vernunft*[20] – so der Titel seines gleichnamigen epochalen Werks. Auch er war ein leidenschaftlicher Verfechter des laizistischen Prinzips in der islamischen Welt.

Doch das sind alles Ausnahmeerscheinungen. Die muslimischen Intellektuellen befleißigen sich in ihrer überwiegenden Mehrheit einer relativ unverständlichen Zurückhaltung, einer Melange aus Angst, Unterwerfung und Indifferenz.

Für die Eliten scheint die Stunde der Emanzipation noch fern. In ihren Ländern sind sie Gefangene der traditionellen Ordnung, die sich immer enger um sie schließt. Und in der Emigration, wo sie durchaus ein gewisses Maß an Freiheit genießen, bleiben sie am Rande, vielleicht ist es gewollt, vielleicht liegt es aber auch daran, dass die Gesellschaft sie ablehnt oder allenfalls auf ökonomischer Augenhöhe akzeptiert.

Nur resultiert hieraus das Problem, dass ihr ohrenbetäubendes Schweigen mittlerweile auf sie selbst zurückfällt. Es hat den Anschein, als stünden sie hinter den Thesen der Islamisten, unterstützten sie gar, nach dem Motto: „Wer nichts sagt, stimmt zu." In Wahrheit sind viele nur unfähig, sich zu entscheiden.

Sie hängen keineswegs den Thesen der Islamisten an, doch deren Revolte gegen den Westen und die arabischen Diktaturen können sie gut nachvollziehen. Und auf der anderen Seite teilen sie zwar das westliche Wertesystem, doch werfen sie dem Westen gleichzeitig vor, mit zweierlei Maß zu messen und gegenüber den arabischen, muslimischen und afrikanischen Völkern ein doppeltes Spiel zu spielen, heute die Diktaturen, morgen die Islamisten zu stützen und bei alledem noch Demokratie und Respekt vor den Menschenrechten zu predigen.[21]

In gewisser Hinsicht ist dieses Schweigen der Intellektuellen die stärkste Triebkraft des Islamismus. Tatsächlich tragen sie eine schwere Verantwortung, wenn sie sich ihrer sozialen Aufgabe entziehen – nämlich ihrer Gesellschaft zu erklären, was da für sie auf dem Spiel steht. Sie liefern die Bevölkerung und zumal die am meisten gefährdete Gruppe, die Jugend, dem Lockruf des Islamismus und Basarismus aus – oder der Korruption und dem Despotentum der arabischen Machthaber.

Und so geschieht es – neben weiteren Gründen, die mit dem allgemeinen Niedergang des Bildungssektors zu tun haben –, dass die Universitäten, die der konventionellen Ordnung ja in der Regel sehr kritisch gegenüberstehen, zu Brutstätten des Konservatismus und Islamismus werden. In der arabischen Welt sind die Universitäten sehr sensible Orte. Ihr Mangel an Tradition und umsichtiger Führung macht sie zur leichten – und bevorzugten – Beute für Manipulateure jeder Couleur. Heute sind das die islamistischen Prediger, denn die Universitäten, an denen das Miteinander der Geschlechter ja der Normalfall ist, liefern den Islamisten die besten Argumente, um den Sittenverfall anzuprangern: eine Folge der Verwestlichung. Stets ist es dieser Aspekt des Sittenverfalls und des

Niedergangs der islamischen Moral, der ihnen Einlass in die verschiedenen sozialen Milieus verschafft, die sie dann von innen her zermürben. Nicht anders gehen die radikalen Islamisten in Tunesien und Ägypten vor. Seit dem Beginn des „Arabischen Frühlings" belagern sie die Universitäten und attackieren brutal vor allem junge Mädchen und Frauen, die nicht verschleiert sind. Mit ihrer Taktik, Angst und Schrecken zu verbreiten, wollen sie verhindern, dass aus den Universitäten ein Ort demokratischer Forderungen wird, an dem sich am Ende noch laute Kritik am Islamismus artikuliert und von dort ausgehend das ganze Land überzieht.

4. Die Medien

Seit langem haben die Islamisten begriffen, wie sehr es darauf ankommt, diesen Sektor im Griff zu haben. Beizeiten steckten sie ihre Energie in die mediale Verbreitung ihrer Ideen, Reden und Aktionen. Ab den 1920er Jahren erschienen allenthalben in der arabischen Welt Zeitungen, gegründet von Intellektuellenzirkeln und religiösen Organisationen, die Teil der nationalistischen Bewegung waren. Die meisten dieser Zeitungen spiegelten die revolutionären Ideen des Großmuftis von Jerusalem, Al-Hadj Amin al-Husseini (1893-1974) wider, der als einflussreicher islamistischer Antisemit mit den deutschen Nationalsozialisten zusammenarbeitete und gegen die britische Mandatsmacht und die zionistische Bewegung, die in der Region Fuß zu fassen begann, alle Hebel in Bewegung setzte. Schon vor dieser Zeit sollten dessen Ideen auch bei einem jungen Volksschullehrer aus Isma'ilia, dem Ägypter Hassan al-Banna, der später die Muslimbruderschaft gründen sollte, auf fruchtbaren Boden fallen und sich dann in der gesamten muslimischen Welt ausbreiten. Und dieser Erfolg hat wesentlich mit der Vermehrung der Zahl der Periodika zu tun, wodurch sich im Nu eine neue Gepflogenheit in der arabischen Welt etablierte, die zur damaligen Zeit okkupiert, isoliert und vom Rest der Welt abgeschnitten war: die regelmäßige Lektüre von Wochen- und Monatsblättern, die nicht nur Neuigkeiten und Informationen brachten, sondern den Leser in eine Art brüderlichen, militanten Dialog mit den großen Figuren der arabischen Welt eintreten ließen. Tatsächlich übte die damalige Presse auf die Menschen dieselbe Wirkung aus wie andernorts Flugblätter in Kriegs- oder Krisenzeiten.

Die Islamisten begriffen das sehr schnell und widmeten diesem Sektor, den sie heute perfekt beherrschen, größte Aufmerksamkeit. Ein stattliches Netz an Verlagsunternehmen erlaubt es ihnen, kolossale Mengen von Büchern, Lehrwerken und Koranexemplaren zu produzieren und quasi kostenlos bis ins letzte Dorf der gesamten muslimischen Welt zu verteilen. Damals, als die muslimischen Länder sich unter dem kolonialen Joch befanden, genügte schon der Anblick dieser zumeist illegal ins Land geschmuggelten Zeitungen und Bücher, um die Leser regelrecht in Ekstase zu versetzen. Und dass sie auf Arabisch geschrieben waren, in der heiligen Sprache des Koran, und über berühmte Persönlichkeiten berichteten, die vom Volksmund schon zu Lebzeiten zum Mythos verklärt worden waren, hatte zur Folge, dass in den Lesern eine beachtliche Veränderung vor sich ging. Sie entdeckten, dass der Islam sehr viel mehr war als nur ihre Religion und Kultur. Dass er ein außergewöhnliches Instrument der Befreiung darstellte, ein Mittel zum sozialen Aufstieg. Es war wie eine Offenbarung. Nie hatten sie den Islam anders denn als Religion der Unterwerfung und Rezitation kennengelernt, eingetrichtert von Feudalherren, die sie jahrhundertelang immer nur unterdrückt hatten. Die dschihadistische Dimension dieses so neuen Islam entflammte ihr kriegerisches Erbteil, das so lange tief in ihnen geschlummert und doch zu Olims Zeiten die wehende Standarte des Islam bis an das Ende der Welt getragen hatte. In ihrem Herzen nahm der Islamismus die Gestalt einer strahlenden Fackel an, die den Weg zu Erleuchtung, Befreiung und Stärke wies.

Radio, Audio- und Videotonträger aller Art, Fernsehen und Internet: Heute steht den Islamisten die komplette Bandbreite an Kommunikationsmitteln zur Verfügung, um ihre Ideen und Parolen zirkulieren zu lassen. Auf die Effizienz eines Senders wie Al-Dschasira, der stark von den Islamisten beeinflusst ist, muss nicht eigens hingewiesen werden. Und im Predigtsegment haben sie Zugriff auf eine ganze Reihe spezialisierter Radio- und Fernsehstationen, die das ganze Jahr über eine extrem hohe Hörer- und Zuschauerzahl verzeichnen.

5. Die „arabische Straße"

Die sogenannte „arabische Straße" hat sich längst als Medium sui generis etabliert. Sie ist von erschreckender Effizienz, und die Islamisten verstehen es meisterhaft, sich ihrer zu bedienen – sehr viel besser als die früheren Diktaturen, wenn diese dem Westen eine Botschaft zukommen lassen wollten. Zwar gelang es ihnen stets, beachtliche Menschenmengen zusammenzutreiben, doch das waren amorphe Massen, die von ganzen Spalieren von Apparatschiks und nicht gerade um Zurückhaltung bemühten Polizisten in Schach gehalten wurden. Die den Islamisten überlassene „arabische Straße" hat demgegenüber etwas Spontan-Eruptives, das sehr überzeugend wirkt. Diese Protestkundgebungen, während derer man Fahnen verbrennt oder westliche Botschaften belagert, sind immer sehr wirkungsvoll: Sie haben sämtliche erwartbaren Reaktionen zur Folge, und das umso mehr, als die internationalen Fernsehsender sich brennend dafür interessieren und die Spots am laufenden Band wiederholen. Danach geht es im Internet, der Blogosphäre und den Social Networks weiter – eine wahre Sturzflut an Bildern. Längst ist die *„arabische"* zur *„islamistischen Straße"* geworden: ein grundlegender Wandel, denn fortan melden sich die arabischen Völker im Namen des Islam zu Wort statt, wie zuvor, im Namen des Nationalismus oder des antiimperialistischen Kampfes.

Mit dem Streit um die von der dänischen Zeitung *Jyllands-Posten* im September 2005 publizierten Mohammed-Karikaturen hat sich die Sachlage grundlegend geändert. Dieser Streit hat zwei wesentliche Dinge ans Tageslicht gebracht:

Zum einen konnte man sehen, dass die „islamistische Straße" letztlich doch nicht so spontan ist, sondern sich, wie zu Zeiten des alten Regimes, exakt an vorgegebene Weisungen einer Kommandozentrale hält. Denn im konkreten Fall hat die „arabische Straße" ja erst Wochen nach Veröffentlichung der Karikaturen reagiert – als warte sie auf einen sich verspätenden Befehl. Dieser Karikaturenstreit war wie kein anderer west-östlicher Streit von einer solchen Fülle überraschender Wendungen, weltweiter Protestaktionen, Gerichtsverfahren, diplomatischer Verwicklungen, Boykottbewegungen und internationaler Wirtschaftskriege gesäumt, dass man mit aller Deutlichkeit sah, wie enorm die Fähigkeiten der Islamisten sind, aus sich bietenden Situationen Profit zu schlagen, um Katastrophenszenarien zu entwerfen und ihre Spielregeln der ganzen Welt aufzuzwingen. Es war eine sehr starke Botschaft, die da an die Welt erging: „Der Islam ist heilig, niemand darf ihn straflos kritisieren."

Und zum anderen hat sich zum ersten Mal überhaupt in

Europa ein Phänomen generellen Unmuts angesichts der islamistischen Drohungen manifestiert. Mehrere europäische Zeitungen – u. a. in Dänemark, Frankreich, Belgien, Deutschland, Spanien und Schweden (*Charlie Hebdo, The Brussels Journal, Magazinet, Die Welt, Der Tagesspiegel, Berliner Zeitung* etc.) – haben die besagten und dazu weitere Mohammed-Karikaturen abgedruckt, um ihre Solidarität mit *Jyllands-Posten* zu bekunden, aber auch ihre feste Entschlossenheit, die von den Islamisten gefledderte Meinungsfreiheit zu verteidigen.

Nichtsdestotrotz: Die „islamistische Straße" ist zur festen Größe geworden, die beinahe täglich Fernsehen und Internet für sich reklamiert. Sie hat eine öffentliche islamistische Meinung geprägt, die sich keineswegs nur in den arabischen und muslimischen Ländern artikuliert, sondern sich weltweit aufbäumt und ihre Wut hinausschäumt, sobald irgendwo, von wem auch immer, der Islam kritisiert wird.

6. Die Emigration oder das Scheitern der Integrationspolitik

So wie die Ausbreitung des Islamismus in der muslimischen Welt unter anderem auch die Quittung für die verheerende Politik der dortigen Machthaber ist, steht zu vermuten, dass die Ausdehnung des Islamismus im Westen das Ergebnis einer verfehlten Einwanderungs- und Integrationspolitik ist.

Die Anwerbung ausländischer Arbeitskräfte (aus der Türkei, dem Maghreb, Schwarzafrika ...) war in erster Linie wohl durch den Wunsch nach Entlastung des lokalen Arbeitsmarkts motiviert, daneben aber auch, und zwar massiv, durch die Notwendigkeit, Druck auf die Löhne und Sozialleistungen auszuüben, um die Wettbewerbsfähigkeit der nationalen Volkswirtschaft zu erhalten, die unter einer großzügigen Sozialpolitik und exzessiven öffentlichen Ausgaben litt, die man durch Neuverschuldung und mehr und mehr durch die Inkaufnahme der Verarmung von Entwicklungsländern finanzierte. Unter solchen Umständen hatte die Einwanderungspolitik keinerlei Aussicht auf Erfolg. Die „Gastarbeiter" sollten genau das bleiben, was ihr Name besagte: Manövriermasse für ein Wirtschaftssystem, dem jede – strukturelle, monetäre, budgetäre, fiskalische oder sonstige – Flexibilität abhanden gekommen war. Zwar haben die ersten Immigranten diese Situation noch so hingenommen – aus Angst vor dem Verlust des Arbeitsplatzes oder Abschiebung in die Heimat und Einbuße ihrer mageren Sozialabsicherung. Doch ihre Kinder, die in den Einwandererstaaten geboren wurden, konnten das nicht mehr akzeptieren und noch weniger ihre Enkelkinder. Durch eine gezielte Nachbesserungspolitik (Aufstiegsmöglichkeiten, positive Diskriminierung, Ausbildungsangebote etc.) hat sich die Lage der Nachfolgegenerationen zwar etwas gebessert, aber die Demütigung, die Töchter und Söhne verspüren, die mitansehen müssen, wie ihre Eltern ausgebeutet und erniedrigt werden, ist geblieben. Die islamistischen Ideologen haben das bestens begriffen: Erniedrigung ist ein mächtiger Hebel, an dem sich gut ansetzen lässt. Indem sie ihnen Religion offerieren und einen anderen Blick auf das weltpolitische Machtgefüge, lenken sie die angestaute Wut in neue Bahnen: einem erhebenden transzendentalen Ziel entgegen, dem man sich bedingungslos unterordnet – bis hin zur Bereitschaft, den Märtyrertod zu sterben.

Die allgegenwärtige Wirtschaftskrise, der wachsende Trend zum Egoismus und zum Rechtsextremismus haben diesen Prozess noch beschleunigt. Islamistische Hochburgen kristallisieren sich heraus, was die Anwerbung weiterer Anhänger erleichtert, der Gruppe ein wachsendes Gefühl von Sicherheit gibt und sie wie von selbst den Schulterschluss mit den angesagtesten islamistischen Parteien suchen lässt; wer die meisten Forderungen stellt, wird am ehesten gehört.

Es ist das Zusammenspiel dieser sechs Kräfte, das es dem radikalen Islamismus erlaubt hat, sich so schnell unter den Völkern der arabischen Welt auszubreiten. Die arabischen Völker hatten Fata Morganen und Desillusionen in Serie hinter sich. Weder die Unabhängigkeit ihrer Staaten noch die sozialistische oder kapitalistische Politik ihrer Regierungen, die die Entwicklung des Landes doch vorantreiben sollte, noch Emigration und Integration in die reichen Demokratien haben ihnen jenes Minimum gebracht, das darin besteht, ein menschenwürdiges Leben zu führen. Die Vorstellung, dass die Muslime „sich mit einem Kanten Brot begnügen", war unter Europäern wie unter arabischen Feudalherrschern weit verbreitet.

Da hat der Islamismus mit seinem Systemcharakter und seinem revolutionären Anspruch, seinem Rückgriff auf die radikalsten Lehren des Islam, seiner moralischen und politischen Kritik am Westen und dessen Wertesystem, seinen liberalen Wirtschaftsideen und seinem konservativen Sozialverständnis, seinen Paradies-Verheißungen und seiner permanenten Glorifizierung des Opfer- und Märtyrertums genug aufzubieten, um alle sozialen Schichten zu verführen: Arme und Reiche, Akademiker und Analphabeten, Liberale und Konservative, das bürgerliche wie das revolutionäre Lager.

V. Auf der Suche nach Identität und Zukunft – Die virtuelle arabische Welt

Die „arabische Welt" ist eine Fiktion. Niemand weiß, wer sie erfunden hat, wann und warum. Innerhalb der muslimischen Welt stellt sie ein Unikum dar, mutet in mehr als einer Beziehung merkwürdig an.

1. Eine Identität, die alle anderen auslöscht

Jene Völker, die heute die sogenannte „arabische Welt" ausmachen, sind in der Tat die einzigen auf der Welt, die nach der Eroberung durch die arabischen Heerscharen im Gefolge der Ausbreitung des Islam komplett in die Haut ihrer Eroberer geschlüpft sind. Anfangs übernahmen sie von ihnen die Religion (manche behielten noch ihren jüdischen, christlichen oder heidnischen Glauben bei), die Sprache (zunächst nur als Sprache der Liturgie und des Hofs, bisweilen auch nur das Alphabet), dazu einige Sitten und Bräuche, aber dann machten sie sich in Rekordzeit deren Geschichte zu eigen und diese zum Quell ihrer neuen Identität. Und so, wie man alte Kleider auf den Müll wirft, warfen sie ihre eigene Identität in den Müll, ihre Sprachen und ihre Traditionen, ihre mehrtausendjährige Geschichte. Voller Stolz sind sie in ihre prächtige neue Uniform geschlüpft: die arabische Identität. Es war jene Epoche, da die noch junge arabische Welt sich damit brüstete, Mohammed in ihren Reihen zu haben, den Propheten, den Allah unter allen Lebewesen auserkoren hatte, der Menschheit den Koran zu überbringen – ein himmlisches Privileg.

Der Fall ist einzig in den kriegerischen Annalen der Menschheitsgeschichte, zumindest ist kein weiteres Beispiel einer derartigen Verschmelzung bis hin zur Selbstaufgabe bekannt. Von einem Ende zum anderen dieser Welt, von Mauretanien über Ägypten, Syrien, den Jemen bis hin zum Irak erklären die Bewohner dieser Regionen, dass sie Araber sind und betonen die Reinheit ihrer arabischen Abstammung. Völlig sinnlos, diese Völker daran zu erinnern, dass sie auch davor schon existierten, dass sie einst mächtigen Reichen und alten, glanzvollen Zivilisationen angehörten, ja, dass auch sie einmal Weltreiche und Hochkulturen begründet und großartige Religionen hervorgebracht haben – es nützt alles nichts, sie pochen darauf, dass sie Araber sind, verleugnen ihre Vergangenheit und ihre Ursprünge. Wer ihnen anderes erzählt, wird mit verächtlicher Arroganz gestraft und als gottloser Renegat beschimpft, wenn er einer von ihnen ist – oder als Ignorant und Araberfeind davongejagt, wenn er ein Fremder ist. Der ungeheuerlichste Fall ist wohl Ägypten. Täglich haben die Ägypter die faszinierendsten Baudenkmäler der Welt vor Augen, die Zeugnis ablegen von einer antiken, glanzvollen Hochkultur, aber nicht einer sagt von sich, dass er ein Nachkomme jenes Volkes sei, das diese Hochkultur geschaffen hat, alle sagen sie, sie seien Araber, hätten ihre Wurzeln in Arabien. Da fragt man sich doch, wo denn die Ägypter des alten Ägypten alle geblieben sind.[22]

Vielleicht kann man es so erklären: Zum arabischen Volk zu gehören, sich Araber nennen zu können, hieß damals, zur Blütezeit der islamischen Expansion, dazuzugehören – zur

Elite, zum Königtum, zum ersten Kreis der ersten Muslime dieser Welt. In sämtlichen „arabischen" Ländern ist es noch heute so, dass sich hochstehende Persönlichkeiten, Stämme und ganze Regionen als Nachfahren des Propheten oder seiner Gefährten, seines Stammes oder des Stammes eines jener arabischen Feldherrn betrachten, die einst an der Spitze stolzer Reiterscharen zur Eroberung Nordafrikas oder des Vorderen Orients aufgebrochen sind.

Im Maghreb geben sie sich den Ehrentitel „Scherif" (plur. *schorfa, schorafa,* ‚edel', ‚vornehm'): in direkter Linie vom Propheten abstammend. Im Maschrek nennen sie sich „Aschrâf", Nachkommen der Noblesse der großen Umayyaden-, Abbasiden-, Aliden-Dynastien.

Wer bei Bernard Lewis nachliest, der ein hervorragend dokumentiertes Buch über *The multiple identities of the Middle East* (London 1998) verfasst hat, stellt staunend fest, welch eine Fülle unterschiedlichster Völker, Identitäten, Sprachen, Kulturen und Weltbilder sich in dieser so vielgestaltigen Region, über die man kaum mehr als ein paar vage Klischees im Kopf hat, hinter dem Etikett der „arabischen Identität" verbirgt. Nicht anders in Algerien: Dort deckelt die arabische Identität, vom Islamismus und panarabischen Nationalismus normiert, eine farbige Welt, zu der vielerlei Identitäten gehören, die der Kabylen, Chaoui und Chleuh, der Tuareg, Bambara, Kulugli, Mozabiten etc.[23] Aber so geht die Geschichte aller Länder, in denen autoritäre Dynastien regieren. Die dominante Ethnie fabuliert sich eine nationale Identität zusammen und zwängt sie den restlichen Völkern auf. Wenn diese nicht in den Chor einstimmen, werden sie schlimmstenfalls zum Schweigen gebracht (UdSSR, China, ehemaliges Jugoslawien etc.).

Diesbezüglich höchst aufschlussreich ist auch das Buch, das Jean-Paul Oddos unlängst über Isaac de La Peyrère verfasst hat[24], einen französischen Diplomaten, Juristen und Freidenker aus dem 17. Jahrhundert, dessen Essay *Prae-Adamitae* seinerzeit einen wahren Skandal auslöste. 1655 in Amsterdam erschienen, ist das Werk heute spurlos verschwunden, auf mysteriöse Weise, vermutlich auf Weisung des Vatikans, aus dem Verkehr gezogen. Darin sprach La Peyrère jene schlichte und für uns so offenkundige Tatsache aus, dass Adam keineswegs der erste Mensch war, wie die Bibel behauptet, sondern lediglich der Stammvater der Juden, und dass die Heiden, die *gentiles*, lange vor ihm gelebt und uralte, zum Teil höchst glanzvolle, blühende Zivilisationen begründet haben. Isaac La Peyrère wurde verfolgt und eingekerkert und entging nur knapp einem düsteren Schicksal. Die *Präadamiten*, wie man jene nannte, die an die Existenz einer Menschheit vor Adam glaubten, hielten ihre Überzeugung lange Zeit geheim. Zwei Generationen zuvor war der italienische Priester und Astronom Giordano Bruno (1548-1600) noch auf dem Scheiterhaufen gelandet, weil er behauptet hatte, der Mensch sei mit dem Affen verwandt. Und bis heute ist es in vielen Gegenden der „arabischen" Welt nicht sehr viel anders. Da gilt die Aussage, dass es lange vor dem Islam und den Arabern schon „arabische" Völker gab und diese die Begründer alter, glanzvoller Zivilisationen waren (Babylon, Ur, Numidien, das alte Ägypten etc.), als Gotteslästerung und trägt einem rüde Kritik ein, wenn nicht Schlimmeres. Da sieht man die heidnischen Völker als primitive Geschöpfe an, als Kreaturen der *Finsternis und der Unwissenheit* (arab. *al-dschâhiliyya*), die unter *Iblis'*, des Satans Herrschaft standen. Noch vor dem Islam sind sie verschwunden, und nachgerückt sind die Araber, Allahs auserwähltes Volk.

Was indes am meisten erstaunt: Sogar der Westen ist dieser Fiktion einer „arabischen", von Arabern bevölkerten Welt aufgesessen. Erst im Zuge der Kolonisation hat er entdeckt, dass die sogenannten arabischen Völker in Wahrheit ein Kaleidoskop sehr verschiedener Völker waren, und dass das Wort ‚arabisch', mit dem er sie bezeichnete und mit dem diese Völker sich selber bezeichneten, auf ein anderes Wort verwies, einen sehr machtvollen Identitätsmarker: das Wort ‚Muslim'. In der Anfangszeit, als der Islam sich allein auf die Arabische Halbinsel beschränkte, waren die Begriffe ‚Araber' und ‚Muslim' nahezu auswechselbar, und während der Zeit, da die Araber selbst ihre Heerzüge anführten, kam es zur definitiven Gleichsetzung, zur Fusion: Jedes von den Arabern eroberte Volk wurde arabisch. Als die Araber dann ihre Spitzenposition verloren und andere Völker, Mongolen, Osmanen oder Perser die weitere Expansion des Islam betrieben, blieb eine neuerliche Fusion zwar aus, doch für die anfänglich von den Arabern eroberten Völkern war es zu spät: die Fusion, und damit Konfusion, war nicht mehr rückgängig zu machen, war sakrosankt und unantastbar.

Es ist immer schwer, ja unmöglich, an einer Definition, die einmal in die Welt gesetzt ist, noch zu rütteln – bis heute werden die indigenen Völker der Neuen Welt von uns ja *Indianer* oder *Indios* genannt, obwohl wir seit langem, ja seit Anbeginn der Kolonisation Amerikas wissen, dass der von Kolumbus entdeckte Kontinent eben nicht Indien war.

Der Fall der „Araber" nun ist um so seltsamer, als die arabischen Eroberer niemals irgendwem aufgezwungen haben, mit ihnen eins zu werden – außer in der Religion. Überall sonst sind die von den arabischen Armeen eroberten und zum Islam bekehrten Völker sich selbst treu geblieben. Perser, Türken, Kurden, Mongolen, Inder, Afrikaner, Chinesen, Russen, Indonesier, Philippinen, Malaien haben von den arabischen Eroberern deren Religion übernommen, von deren Sprache das Wenige, was sie für ihre Gebete brauchten, dazu einige Sitten und

Bräuche – doch niemals haben sie aufgehört, sie selbst zu sein, im Gegenteil: Sie waren stolz auf ihre Herkunft und ihre Vergangenheit, ihre Annahme des Islam hatte weder mit Unterwerfung unter die Araber noch mit Übernahme der arabischen Identität zu tun. Im Übrigen nahmen sie den Arabern sehr schnell das Heft aus der Hand, betrieben die Expansion des Islam in Eigenregie und übernahmen das Regiment in der neu entstehenden islamischen Welt.

Erst zu Beginn des 20. Jahrhunderts, da sie bereits unter europäischer Kolonialherrschaft standen, keimten in den sogenannten arabischen Ländern die ersten Ansätze einer Rückbesinnung auf ihre ursprüngliche Identität: in Nordafrika auf die afrikanische oder die Berberidentität, im Nahen Osten auf die syrische, ägyptische oder irakische Identität. Das mag eine Reaktion auf den erwachenden Nationalismus in der arabischen Welt gewesen sein, der sich übertrieben exklusiv und autoritär gebärdete. Der keine andere Ausdrucksform als die im Glanz des Islam erstrahlende arabische Identität zuließ. Der die lokalen Identitäten als heidnische Relikte oder Produkt einer Kolonialpolitik geißelte, die der Strategie des „Divide et impera" folgte: des Teilens, um zu herrschen; des Entfremdens, um leichter auszubeuten; des Auslöschens, um leichter zu assimilieren.

In Algerien hat sich die nationalistische Unabhängigkeitsbewegung, die zwischen den beiden Weltkriegen entstanden war, aus Gründen, die wir hier nicht näher ausführen können, sehr schnell in der Kabylei verankert, einer stolzen, rebellischen Berberregion. Das wiederum hatte zur Folge, dass die Berber innerhalb der nationalistischen Parteien in der Mehrheit zu sein schienen, vielleicht fast ein wenig dominant. Und auf lange Sicht gar gefährlich, denn die Kabylen hätten sich nach der Unabhängigkeit am Ende noch als Teilungsfaktor der nationalen Einheit erweisen können, beziehungsweise nach der Macht greifen wollen. Und so wurde ein bis dato verdeckter Riss zwischen Arabern und Berbern offenbar, der zu Bruderzwisten führte, die bald schwelend, bald mit mörderischer Gewalt ausgetragen wurden. Die erste Krise, die offen ausbrach, im Jahr 1949 war das, ging unter dem Namen „Berberkomplott" ins Gedächtnis der Algerier ein – so der von den Arabophonen geprägte Begriff. Es kam zu Säuberungswellen in den Reihen der nationalistischen Bewegung, die Kabylen wurden aus der Einsatzleitung entfernt oder bekamen arabophone Algerier an die Seite gestellt.

Die nationalistische Bewegung Algeriens hat sehr unter dieser Spaltung gelitten, die sich nach der Unabhängigkeit noch verschärfte. Abane Ramdane (1920-1957), Revolutionsführer während des Befreiungskriegs, wurde von seinen Gefährten ermordet – nicht, weil er wogegen auch immer verstoßen hätte, sondern weil er Kabyle war und ihm ein modernes, demokratisches, soziales und der Pluralität verpflichtetes unabhängiges Algerien vorschwebte. Mit der „Heiligen Allianz", die während des Befreiungskriegs (1954-1962) geschlossen worden war, um den Gegner gemeinsam zu besiegen, war es schnell vorbei. Misstrauen machte sich breit, die Spannungen wuchsen, immer häufiger brachen immer schwerere Krisen aus. 1980 kam es zu kolossalen Berberaufständen, die mit großer Härte unterdrückt worden sind. Die Unruhen von 1980, auch unter dem Namen „Berberfrühling" oder „Frühling von Tizi Ouzou" bekannt, haben zum Bruch zwischen Arabern und Berbern geführt, der definitiv zu sein schien. Im Jahr 2001 kam es erneut zum Ausbruch von Unruhen, die den Charakter einer offenen Rebellion annahmen („Schwarzer Frühling"), und auch sie wurden mit entsprechender Härte unterdrückt, es gab 123 Tote und Tausende von Verletzten. Zumindest haben sie ein erstes, bescheidenes Ergebnis erbracht, das aber Signalwirkung hatte: die Sprache der Berber, das *tamazight*, wurde als Nationalsprache anerkannt. Nach rund vierzig Jahren Verbot durften die Berber endlich ihre eigene Sprache sprechen – zum ersten Mal seit der Unabhängigkeit.

Im Jahr 2011 verschärft sich die Lage abermals, die Spaltung vertieft sich. Es kommt zur Gründung einer Kabylischen Autonomiebewegung, dem *Mouvement pour l'Autonomie de la Kabylie* (MAK), in der Landessprache *Timanit i Tmurt n Iqbayliyen*. Wenig später bildet sich eine kabylische Exilregierung, deren Präsident der engagierte kabylische Sänger Ferhat Mehenni ist. Mehrere seiner Minister residieren in Deutschland, von wo aus sie diplomatische Beziehungen zu ganz Europa aufbauen.

Ähnliche Autonomie-Bewegungen oder Separatismus-Bestrebungen existieren in allen sogenannten arabischen Ländern. In der Regel sind sie friedfertig, denn an der Spitze dieser Bewegungen stehen Intellektuelle und Demokraten, die ganz normale Bürgerrechte einfordern, die Anerkennung ihrer Sprache und Kultur, eventuell auch ihrer Religion, und die sehr genau wissen, dass ein gewaltsames Vorgehen ihrerseits nur grausame Repressionen seitens der Zentralmacht zur Folge hätte, hinter der dann sofort die anderen „arabischen" Mächte stünden, während die westlichen Demokratien sich erfahrungsgemäß eher bedeckt halten würden, da sie die internen Konflikte der arabischen Länder schon immer als höchst undurchsichtig empfanden.

Auch in Marokko kam es mehrfach zum Ausbruch schwerer ethnischer Krisen, darunter dem sogenannten Rifkrieg (1921-1926, gegen die Spanier), der im Jahr 1922 zur Abspaltung des Rif und zur Proklamation einer „Konföderierten Republik der

Stämme des Rif" unter Abdelkrim el-Khattabi führte. Zwischen 1957 und 1959 wurde eine neue Revolte der Rifkabylen brutal niedergeschlagen, und jahrzehntelang unterwarf König Hassan II. von Marokko die Region einer Blockade und einer Militäradministration, die die wirtschaftliche Entwicklung des Rif auf lange Sicht ruinierte. Erst mit dem neuen König, Mohammed VI., der 1999 an die Macht kam, wendete sich das Blatt.

Allenthalben in der arabischen Welt sind zentrifugale Kräfte am Werk, die das Resultat identitärer Differenzen der verschiedenen Bevölkerungsgruppen sind. Während die einen die alles erdrückende arabische Identität abschütteln und gemäß ihrer eigenen Identität leben wollen, möchten die anderen diese „rebellischen Identitäten" ausmerzen, die für die Einheit des Landes, die arabische Identität und den Islam eine Bedrohung darstellen. Diese Spannungen werden rund um den Schul- und Bildungssektor, die Sprachenfrage, die Verteilung der Reichtümer, den Zugang zur Macht und die regionale Autonomie ausgetragen, denn natürlich stehen hinter dem Anspruch auf Selbstbestimmung immer auch politische Ziele. Auf dem Forderungskatalog der Kabylischen Autonomiebewegung (MAK) stehen neben der vollen Anerkennung des Berbertums auch Demokratie und religiöse Neutralität als Fundament des Landes sowie eine gerechte Verteilung der nationalen Reichtümer. In Ägypten haben sich die Kopten, die heute um ihr Leben fürchten müssen, in ähnlicher Weise wie der MAK engagiert, doch seit dem „Arabischen Frühling" von 2011 und der Machtergreifung durch die Islamisten hat sich für sie der Lauf der Geschichte geändert – sie sehen keine Zukunft mehr für sich in Ägypten. Über 100 000 Kopten sind bereits nach Europa und in die USA geflohen, und der Flüchtlingsstrom wird jeden

Monat größer. Das alles zeigt, dass der „Arabische Frühling" sehr differenziert gedeutet werden muss – auch als identitäre Revolte gegen eine übermächtige Dominanz des Arabischen, die alles andere schier erdrückt.

2. Eine sich widersprechende Identität

Obwohl sie auf ihrer exklusiv arabischen Identität beharren, ist es den Völkern, welche man die arabischen nennt, zu keiner Zeit gelungen, sich zu *einem* Volk in *einem* Staat zusammenzufinden. Sämtliche Versuche sind gescheitert, immer wieder kochten Konflikte hoch. Selbst der Islam, an den sie doch alle eine starke Bindung haben, vermochte sie nicht zu einen. Ibn Khaldûn (1332-1402), der große Historiker, Diplomat und Philosoph, der als Vorläufer der modernen Soziologie gilt, hat schon früh ein hartes Urteil über die Araber gefällt: *„Die Araber sind sich nur darin einig, sich nie in etwas einig zu sein."*

Im Anhang (Teil 4) findet der Leser einen Auszug aus Ibn Khaldûns berühmter *Einführung* (arab. *Al Muqaddima*): eine Sittenschilderung der Araber der damaligen Zeit. Der rassistische Unterton ist schockierend – man muss das Werk im Kontext seiner Zeit zur Kenntnis nehmen –, doch als Dokument ist es insofern höchst interessant, als man sich in vielen „arabischen" Ländern weidlich darauf stützt, um die arabische Hegemonie anzuprangern. Auch versteht man, warum im Westen die Ibn-Khaldûn-Forschung blüht, von der man sich ein vertieftes Verständnis der arabischen und maghrebinischen Gesellschaft erhofft – während seine Äußerungen im Maghreb nicht eben an die große Glocke gehängt werden.

Man könnte dem noch die unglaubliche Schmähtirade des Mustafa Kemal, genannt Atatürk, hinzufügen, des Gründers und ersten Präsidenten der Türkischen Republik. Kämen derartige Invektiven gegen den Propheten Mohammed und die Muslime heute aus dem Mund eines Staatschefs, und wäre es der Präsident des mächtigsten Landes der Welt, so hätte das den sofortigen Abbruch der diplomatischen Beziehungen zur Folge, wenn nicht gar einen Krieg. Aber zumindest zeigt es uns eines: dass es in der muslimischen Welt immer wieder ausgeprägte Bestrebungen zur Emanzipation von der Religion gab und noch gibt:

„Seit mehr als 500 Jahren haben die Regeln und Theorien eines alten Araberscheichs und die abstrusen Auslegungen von Generationen von schmutzigen und unwissenden Pfaffen in der Türkei sämtliche Zivil- und Strafprozesse festgelegt. Sie haben die Form der Verfassung, selbst die kleinsten Handlungen und Gesten eines Bürgers festgelegt, seine Nahrung, die Stunden für Wachen und Schlafen, den Schnitt der Kleider, den Lehrstoff in der Schule, Sitten und Gewohnheiten und selbst die intimsten Gedanken. Der Islam, diese absurde Gotteslehre eines unmoralischen Beduinen, ist ein verwesender Kadaver, der unser Leben vergiftet."[25]

Heute sind die „arabischen" Gesellschaften in sich zerstrittener denn je: Neue antagonistische Kräfte sind am Werk, haben sich seit dem „Arabischen Frühling" zu den identitären Differenzen hinzu addiert – infolge des Erstarkens des Islamismus. Ein Teil der Gesellschaft sehnt die Herrschaft des Islam und der Scharia nach afghanischem Muster herbei, ein anderer die säkulare Demokratie nach westlichem Modell.

Nun, da der „Arabische Frühling" die arabische Welt neu strukturiert – und zwar nicht länger auf der Basis des Arabertums und des Islam, sondern auf dem Fundament eines radikalen supranationalen und internationalistischen Islamismus –, steht eine große Frage im Raum. Noch ist es zu früh, um zu erkennen, wohin die tektonischen Platten driften, die weltweit in der Tiefe rumoren, weil der radikale Islamismus inzwischen überall fest verankert ist, doch seine Auswirkungen sind schon jetzt in der Gesamtheit jener Länder zu spüren, in denen er eine gewisse kritische Masse erreicht hat.

Die beschleunigte (Re)Islamisierung der „arabischen" Länder nach dem Willen der Islamisten; die Globalisierung, die die Welt zwar nivelliert, aber auch alte, längst erloschen geglaubte Nationalismen weckt – und so manche Provinz zum Widerstand reizt, die sich verstärkt auf ihre Folklore besinnt, um ihr eigenes Profil zu bewahren – und außerdem Hierarchien und Werte in Frage stellt, die die Welt bislang regierten (den Westen, die Marktwirtschaft, die Menschenrechte) – das alles wird zu neuen, so nie dagewesenen Situationen führen. Fragt sich nur, ob wir als Individuen und Völker diese Entwicklungen gutheißen, uns ihnen anschließen? Oder ob wir uns ihnen verschließen – und sie dann passiv erdulden oder aktiv bekämpfen werden? Das ist die große Frage, die heute viele Menschen umtreibt.

Die „arabische" Welt ist schon jetzt in einer Phase, wo sich diese Frage täglich mit schmerzlicher Dringlichkeit stellt. Was tun: den Mehrheitsbeschluss akzeptieren, oder sich ihm entgegenstellen und der Mehrheit einen anderen Weg aufzeigen – aufzwingen gar? Einen Weg, der ihr doch so fern liegt, den der säkularen Demokratie, und das in einer Welt, die längst nichts anderes mehr kennt als militärische und ökonomische Machtverhältnisse?

3. Eine schleppende Entwicklung und übergroße Ambitionen

Von allen Völkern der Welt haben die „arabischen" Völker den größten Rückstand in ihrer Entwicklung zu beklagen. Sämtliche Vorschläge, die in Richtung Modernisierung gingen, ganz gleich, ob auf philosophischem, politischem, wissenschaftlichem oder kulturellem Gebiet, wurden von den Machthabern ihrer Länder abgeschmettert oder mit äußerstem Argwohn verfolgt. Beharren diese doch auf den ewigselben Tabus, hängen den ewiggestrigen Idealen an, halten die ewiggültigen Traditionen hoch, kleben, mit einem Wort, an der Vergangenheit, einer mythisch überhöhten, sakralisierten, für alle Zeit erstarrten Vergangenheit. Nichts, aber auch gar nichts darf sich in ihrer Umgebung ändern, damit nur keine Neuerung am Horizont auftaucht, die am Ende noch Begierden weckt, die die alten Gewissheiten erschüttern könnte und vom rechten Pfad des Islam ablenkt. Das mentale Universum breitester Schichten der „arabischen" Gesellschaften ist jenes der Frühzeit des Islam; deshalb auch sind sie so empfänglich für den Diskurs der Islamisten. Er wirkt beruhigend auf sie, sagt ihnen, dass ihre Welt sich niemals ändern wird, jegliche Abweichung bestraft wird. Der Graben zwischen den Volksmassen und ihren weltoffenen, der Moderne zugewandten Eliten wird immer tiefer, lässt keinen Dialog mehr zu, verhindert jede noch so behutsame Angleichung des Islam an die Gegenwart.

Dieser Rückstand ist um so unverständlicher, als den Arabern einst die Schlüsselrolle bei jener umwälzenden geistesgeschichtlichen Revolution zukam, die der Menschheit den Weg von der Antike in die Moderne wies. Indem sie die Griechen übersetzten, deren Gedankengut um ihre eigenen Entdeckungen bereicherten und dieses Wissen in der Welt verbreiteten, haben sie einen Prozess in Gang gesetzt, der die Welt, Europa zumal, Kurs auf einen stetigen, bis heute nicht gebremsten Fortschritt nehmen ließ. Und während sie den Stab an die Europäer weiterreichten, die diesen mit großem Enthusiasmus übernahmen, erstarrte die „arabische" Welt, gleichsam von jähem Erschrecken angesichts der Faszinationen und Unwägbarkeiten der Zukunft gepackt, in ihrer Entwicklung und schuf so alle Voraussetzungen für ihren eigenen Absturz sprich Untergang. Denn Stillstand ist Rückschritt – und der erste Schritt ins Grab.

Manche behaupten, allein die Kolonisation (der Osmanen, dann der Europäer) habe die arabische Welt vor diesem Verhängnis bewahrt, sie aus ihrer Regression herausgeholt, aus der Lethargie befreit, in die sie versunken war. Andere wiederum behaupten, es sei im Gegenteil dem Wiedererwachen des Islam zu verdanken (was in Asien mit Gelehrten wie Dschamâl ad-Dîn al-Afghânî einsetzte, dem Begründer der islamischen Moderne, auf den „Araber" wie der berühmte Mufti und Rechtsgelehrte Muhammad Abduh aus Ägypten folgten), dass die „arabische" Welt wieder Tritt gefasst hat. Und wieder andere schreiben diese immerhin ansatzweise Erneuerung dem revolutionären Wind zu, den die französische Aufklärung über die Welt gebracht hat (1789: Französische Revolution; ab 1763: Amerikanische Revolution; 1868 – 1912: Meiji-Ära in Japan; 1917: Russische Revolution, etc.) und der die „arabische" Welt zu Beginn des 20. Jahrhunderts erfasst hat. Auch wenn dieser Schub nicht lange vorhalten sollte, hat er ihr doch immerhin geholfen, den Kolonialismus abzuschütteln und die Unabhängigkeit zu erlangen.

Möglicherweise haben die drei genannten Einflüsse sich auch addiert, um einen heilsamen Schock zu erzeugen.

Die Gründe sind zahlreich und mögen anfechtbar sein (Kolonisation, Kolonialkriege, Weltkriege, ungerechte Weltordnung, Diktatur, Armut etc.), aber Tatsache ist: Die Bevölkerung der „arabischen" Länder verharrt, lange nach der Unabhängigkeit, in einem Zustand extremer Unterentwicklung. Abgesehen von einer im Kern erzkonservativen Feudaloligarchie im Dunstkreis der Macht, die in jenem aufgesetzten, gleißenden Luxus lebt, der das Ergebnis von rücksichtsloser Raffgier und Kulturlosigkeit ist, versinken die „arabischen" Völker im finstersten Elend. Mancherorts leben sie wie ihre Vorfahren im Mittelalter, und das, obwohl ihre Staaten über ungeheure Reichtümer (Mineralölvorkommen, Sonne, touristische Sehenswürdigkeiten) verfügen, sich in privilegierter geographischer Lage am Schnittpunkt Europas, Afrikas und Asiens befinden und infolge ihrer Geschichte Verbindungen zu den Völkern all dieser Regionen haben. Einst waren sie kulturelle Brückenbauer, nun haben sie alle Brücken abgebrochen.

Aber dieser Zustand der Unterentwicklung, der jeden Horizont verschließt, hält die „arabischen" Gesellschaften nicht davon ab, überdimensionierte, ruinöse Begehrlichkeiten und Ambitionen zu entwickeln, die nur selten dem Fortschritt und Wohlergehen der Bevölkerung dienen. Allen voran die gewaltigen Ausgaben für militärische, ambitionierte Prestigeprojekte, die die Regierenden der arabischen Länder verfolgen. Das hat Frustration und weitere Regression zur Folge, denn die Finanzierung dieser Projekte geht zu Lasten des Volkes. Und die Islamisten machen es nicht anders, sind sie erst einmal an der Macht: Das islamistische Regime im Iran realisiert exorbitante Nuklearprojekte, die dem iranischen Volk nichts einbringen, ihm im Gegenteil alles nehmen und über ihm das Damoklesschwert eines massiven Kriegs installieren.

4. Rigorismus und verbissener Nationalismus

Nirgendwo sonst hat der Islam eine so erzkonservative, streng schriftgläubige Ausprägung erfahren wie in der arabischen Welt – durch das Sunnitentum in Form seiner beiden ultra-rigiden, ultra-asketischen Rechtsschulen: dem malikitischen und dem hanbalitischen Ritus, die die „arabischen" Machthaber als Staatsreligion etablierten. Es konnte nicht ausbleiben, dass dadurch die Nationalkultur und die Denkweise beeinflusst wurden. Formalismus, Unbeugsamkeit, Ablehnung jeder Verhandlungsbereitschaft gelten als virile und somit per definitionem positiv besetzte Werte, während Flexibilität, Pragmatismus, Anpassungs- und Kompromissfähigkeit als typisch weibliche Eigenschaften negativ besetzte Werte sind. Es ist das klassische Macho-Weltbild, das sich durch alle drei monotheistischen Religionen zieht – durch den Rigorismus jener Rechtsschulen, die in der „arabischen" Welt tonangebend sind, und den martialischen, durch Kolonialkriege und israeloarabische Kriege genährten Nationalismus wird es hier noch auf die Spitze getrieben.

Zur Zeit der kolonialen Durchdringung der „arabischen" Staaten durch das christliche Abendland hat der religiöse Rigorismus sich noch verschärft: Der Islam wurde zur Schutz- und Trutzburg, um dem Zugriff der europäischen Kultur zu entgehen und das Elend des ‚Indigenatsstatus' und die Ungerechtigkeiten des Kolonialismus leichter zu ertragen. Während des Algerienkriegs zog die FLN, die Nationale Algerische Befreiungsfront, zwar gegen den Kolonialismus zu Felde, erließ aber zugleich eine Fülle von Restriktionen und Verboten gegenüber dem algerischen Volk – nicht anders als später dann die Taliban, solange sie in Afghanistan an der Macht waren. Die FLN untersagte den Algeriern den Alkoholgenuss, verbot ihnen das Rauchen und den Kautabak und jeden Café- oder Kinobesuch. Fußballstadion und Strand waren tabu, man durfte nicht mehr feiern, keine Zeitung mehr lesen, kein Domino spielen; die Algerierinnen durften sich nicht mehr europäisch kleiden ... und mit jedem weiteren Kriegsjahr wurde die Liste der Verbote länger. Zuwiderhandelnde wurden unnachgiebig bestraft, man erschoss sie oder schnitt ihnen Nase oder Lippen ab.

Nach der Unabhängigkeit griff man auf eben diese Methoden zurück. Regelmäßig führte man „Moralisierungskampagnen" durch – das oblag der Polizei, die wacker Fausthiebe austeilte –, und richtete beträchtlichen Schaden an. Tausende junger Algerier flüchteten aus dem Land. Ausnahmslos alle arabischen Staaten wandten diese Methoden an, brutale, demütigende, kastrierende Methoden. In Wahrheit hat sich kein Kolonisator so aufgeführt wie die Schergen der Regime von Gaddafi, Assad, Boumedienne, Ben Ali und Saddam Hussein.

Fast hat es den Anschein, die „Araber" seien dazu verdammt, permanent in einem Klima religiöser Rigidität und unter einer Diktatur zu leben, denn der böse Fluch hält an: Nach dem Kolonialismus und den Diktaturen, die auf die Unabhängigkeit folgten, und nach dem knappen Intermezzo des „Arabischen Frühlings" ist nunmehr die islamistische Republik am Zug, die von den „Prinzen" des Islamismus propagiert wird: den Muslimbrüdern. Höchst lehrreich ist der Fall des ägyptischen Präsidenten Mohammed Mursi. Dieser wollte die Verfassung ändern, um seine schon immensen Befugnisse noch zu erweitern – jene, die Mubarak, der im Jargon der ägyptischen Straße nur „der Pharao" hieß, sich einst bewilligt hatte. Mursis Beispiel macht deutlich, wes Geistes Kind die

Islamisten sind: Nicht im konstitutionellen Rahmen einer Demokratie wollen sie Beschlüsse fassen, sondern per Dekret auf der Grundlage von Scharia und Koran regieren – mit anderen Worten, wie es ihnen gerade gefällt.

Auch sieht es so aus, als wären die „arabischen" Völker dazu verdammt, sich ihre Freiheit mit Gewalt zu erobern, um endlich in Ruhe leben zu können. Doch jeder gewaltsame Befreiungsakt entkräftet vor allem die Armen, so sehr, dass sie für lange Zeit in Apathie versinken, und das wiederum begünstigt das Aufkommen einer neuen Diktatur und so fort. Wie soll man unter diesen Umständen den Teufelskreis von Gewalt und Diktatur je durchbrechen?

In der Historie gibt es nur wenige Beispiele armer Völker, denen der Ausbruch aus diesem Teufelskreis gelungen ist – als wäre derlei nur Völkern, die im Wohlstand leben, vergönnt. „Man leiht nur den Reichen" – dieser Spruch trifft nicht nur für die Volkswirtschaft, sondern auch auf die Geschichte der Völker zu.

Eben diese Geschichte lehrt uns aber auch, dass Rigorismus und glühender Nationalismus üble Krankheiten sind, die den Völkern ein pathetisch-rhetorisch überhöhtes Selbstbild vorgaukeln, während sie sie in Wahrheit in den Abgrund ziehen und ihnen das Tor zur Zukunft verschließen.

5. Die Araber, Allahs unermüdliche Kalifen und Missionare

Weil der Prophet Mohammed, genannt „Mohammed, Gesandter Gottes" (arab. *Muhammad rassoul Allah*), Araber ist und weil die „Araber" die ersten waren, die die koranische Botschaft empfingen und sie zu den Völkern in die Welt hinaustrugen, sehen diese sich als auserwähltes Volk, mit der heiligen Mission betraut, Botschafter und Hüter des Islam zu sein – ähnlich den Tempelrittern, die sich als ewige, eifernde Hüter des Heiligen Grals verstanden. So die Überzeugung eines jeden gläubigen „Arabers", nach der er sein ganzes Tun und Lassen ausrichtet. Auf andere mag sie wie das eitle Pochen auf ein Adelsprädikat wirken, den nichtarabischen Muslimen aber ist sie zuwider, weil sie sie als rassistisch empfinden, unvereinbar mit der religiösen Brüderlichkeit, die doch im Islam an allerhöchster Stelle steht.

Wird irgendwo auf der weiten Welt der Islam beleidigt, ein dem „Haus des Islam" (*dar al-islam*) zugehöriger Ort geschändet, ist jeder „Araber" sofort bereit, faktisch oder symbolisch zu den Waffen zu greifen, um den Schuldigen zu strafen. Und so wird er jedes Mal handeln, sobald er etwas sieht, hört oder liest, das den Islam und seinen Propheten antastet. Der eine wird dabei eher pädagogisch vorgehen, der andere mit kruder Gewalt.

Der individuellen Reaktion folgt unverzüglich, wie ein Verstärker, die Reaktion des Kollektivs, und alsbald wird der Zwischenfall zur Staatsaffäre, sprich zu einem Fall, der die weltweite Umma betrifft. Keiner kann sich dieser Verpflichtung zur Rache entziehen, sie gilt für jeden, zu jeder Zeit, an jedem Ort. Und wehe dem, der einer Schmähung gegenüber gleichgültig bleibt oder das Geschehen anders interpretiert. Schnell und spontan muss man sich in den Chor der Protestler einbringen: Man demonstriert, wenn demonstriert werden muss, schlägt zu, wenn zugeschlagen werden muss, zieht in den Krieg, wenn in den Krieg gezogen werden muss.

Ist die Gotteslästerung groß, können nur die Großimame und Muftis entscheiden, wann die Wogen des Zorns sich wieder glätten dürfen, doch um Gnade für den Schuldigen darf niemand bitten, das käme einem Verrat am Gesetz gleich. Die von Ayatollah Khomeini erlassene Fatwa mit dem Todesurteil Salman Rushdies zum Beispiel ist noch heute in Kraft, das Kopfgeld wurde im Jahr 2012 sogar auf 3,3 Millionen Dollar erhöht.

Es ist empörend zu sehen, dass ein Menschenleben an einigen wenigen Zeilen einer Fatwa hängt, im konkreten Fall jener gegen Salman Rushdie, die Folgendes besagt:

> *„Im Namen des Allmächtigen Gottes. Es gibt nur Einen Gott, und zu Ihm kehren wir alle zurück. Ich setze alle Muslime davon in Kenntnis, dass der Autor des Buches* Die Satanischen Verse *– das gegen den Islam, den Propheten und den Koran geschrieben, gedruckt und veröffentlicht wurde – und alle an der Publikation Beteiligten sowie alle, die Kenntnis von seinem Inhalt haben, zum Tode verurteilt worden sind. Ich rufe alle pflichtbewussten Muslime auf, diese Personen, gleich wo sie sie finden, schnellstens zu töten, damit nie wieder jemand die Heiligtümer des Islam beleidige. Jeder, der auf diesem Weg selber den Tod findet, wird als Märtyrer gelten. Dies ist Gottes Wille. Außerdem muss jeder, der in die Nähe des Autors dieses Buches kommt, ohne ihn töten zu können, ihn dem Volk überstellen, auf dass er für seine Taten bestraft werde. Gott segne euch alle."*[26]
>
> Gezeichnet: Ruhollah Musavi Khomeini.

Die Aufgabe, Hüter des Islam zu sein, denen es zusteht, über Leben und Tod jedes anderen zu richten, übt eine morbide Faszination auf die radikalen Islamisten (Taliban, GSPC, AQMI, MUJAO, Boko Haram) aus. Sie gestattet ihnen, ihren niedersten Instinkten freien Lauf zu lassen und sich danach mit gutem Gewissen zur Ruhe zu betten. Sie plündern, verwüsten, vergewaltigen, verurteilen und töten mit stolzgeschwellter Brust im Namen Allahs.

6. Die Frauen und die Jugend – ewige Geiseln des religiösen Systems

Die „arabische" Welt verfügt über zwei Quellen des Reichtums: ihre Kinder und ihre Frauen, die die Zukunft in sich tragen – eine Zukunft indes, von der sie insgeheim nur träumen können. Die Jugend träumt von der Liebe, vom Reisen, von fernen Ländern und neuen, aufregenden Erfahrungen; die Frauen davon, wenigstens einmal, und sei es nur einen Tag, einen Augenblick lang Herrin über sich und ihr Leben, ihren Körper, ihre Wünsche und Sehnsüchte zu sein. Doch die Verfasstheit der arabischen Welt, ihre religiöse, patriarchalische, tribale Struktur, gesteht niemandem auch nur den geringsten Grad an Freiheit zu – und den Frauen und Jugendlichen am allerwenigsten. Sie werden beaufsichtigt, überwacht, unter Kontrolle gehalten, denn das System hat seit langem begriffen, dass ihre Träume eine Gefährdung der bestehenden Ordnung sind. Man ist bestrebt, sie schnellstens zu verheiraten, damit sie als erwachsen gelten und das Gesetz sie gegebenenfalls mit voller Härte treffen kann.

Eine Schwalbe macht noch keinen Frühling – doch unter der Jugend, den Frauen der „arabischen" Welt weht allenthalben ein kleiner Hauch von Emanzipation. Während die arabische Gesellschaft sich unter dem Druck der Islamisten wieder verschließt, wächst die Zahl derer, die ihre Freiheit offen zur Schau stellen und das Joch abschütteln wollen. Auch scheinen sie sich den Gedanken, einen für die „arabische" Welt nachgerade revolutionären Gedanken, zu eigen gemacht zu haben, dass Gewalt nur kontraproduktiv ist – dass sie die Ketten, die man zerreißen möchte, nur verstärkt. Und deshalb beschreiten sie neue Wege, ziehen ihr Studium in die Länge, um die tribalen und familiären Bande zu lockern, suchen sich Arbeit, um Autonomie zu gewinnen und gehen, wenn sich die Möglichkeit bietet, ins Ausland, um ihre Emanzipation zu vollenden. Auch haben sie, dank der neuen Kommunikationstechnologien, gelernt, sich zu vernetzen[27] – und mit einem Mal dämmerte es ihnen, dass ihr privates Problem auch ein globales Problem war.

Einigkeit macht stark – eine alte Weisheit, die sich in den ersten Tagen des „Arabischen Frühlings" erneut bestätigt hat. Doch leider Gottes traten die Demokraten völlig unorganisiert, in sich zerstritten und ohne rechten Rückhalt in der Bevölkerung zu den Wahlen an, während die Islamisten wie Pech und Schwefel zusammenhielten.

Vorbehaltlich einer gründlicheren Analyse lässt sich heute schon sagen, dass die Jugend, und die Frauen, jener Funke waren, der den „Arabischen Frühling" gezündet hat. Die Islamisten haben es gleich begriffen und eines ganz oben auf ihre Agenda gesetzt: die Kontrolle über die Jugend und die Frauen zu gewinnen. Sie sind auf dem besten Wege dorthin.

VI. Geschichte eines Missverständnisses: Die Islamismus-Politik des Westens

Gestern stellte sich die Frage noch nicht. Doch seit dem „Arabischen Frühling", der die Islamisten in mehreren arabischen Staaten an die Macht gebracht und vor allem sehr deutlich gezeigt hat, dass in der arabischen Welt die Bevölkerung eine religiöse Regierungsform mehrheitlich bejaht, ist es legitim, sich folgende Frage zu stellen: Ist der Islamismus auch ein Problem für die muslimischen Staaten – oder nur für den Westen?

Die Einschätzung hat sich im Lauf der Jahre gewandelt.

Über lange Zeit war der Islamismus für niemanden ein Problem – auch nicht für den Islam, der ein Schattendasein fristete und über dessen Zukunft sich allenfalls hier und da einige wenige muslimische Intellektuelle Gedanken machten. Die einen fragten sich, ob er im Zuge der Modernisierung der Welt irgendwann völlig von der Bildfläche verschwinden würde, so wie sich das Christentum nach und nach aus den westlichen Gesellschaften verabschiedet hat. Die anderen fragten sich, wie sie ihn neu beleben, modernisieren, den nachfolgenden Generationen nahebringen könnten, und wieder andere dachten, die Rückkehr zum Islam der Frühzeit sei überhaupt der einzige Weg, ihn noch zu retten. Die meisten hatten keinerlei politisches Bewusstsein, ihnen lag einzig daran, ein religiöses, kulturelles, sprachliches, dichterisches, architektonisches Erbe zu bewahren. Die Welt wusste nichts von den Überlegungen dieser Gelehrten und von den Schriften, die sie verfassten.

Doch mit einem Mal, im Grunde seit Napoleons Ägyptenfeldzug von 1798 und der damit einhergehenden groß angelegten wissenschaftlichen Expedition, entdeckte der Okzident jäh sein Interesse, ja seine glühende Leidenschaft für Ägypten und die arabische Welt. Für den *Orient*, wie man damals gerne sagte, das klang nach Exotik und Abenteuer und weckte zugleich Erinnerungen an die Urheimat des Christentums, die Wiege der jüdisch-christlichen Zivilisation. Und so kam der Orientalismus in die Welt, als ein etwas mystifizierender Blick auf diesen Orient, der ähnlich und dabei doch so anders war in puncto Religion, Sprache, Kultur. Und der Orientalismus gebar den Okzidentalismus. Die beiden Welten hatten zwischen sich einen Zerrspiegel installiert, der ihnen die tollsten Streiche spielen sollte. Als die Magie verflogen war, blieb nur Verständnislosigkeit zurück.

Die gesamte Politik des Westens gegenüber der arabischen Welt basiert letztlich auf einem Missverständnis.

Dank eminenter muslimischer Gelehrter wie Djamâl ad-Dîn al-Afghâni (1838-1897) und Muhammad Abduh (1849-1905), die Europa besuchten und in den höchsten Kreisen empfangen wurden (Universitäten, literarische Salons, politische Parteien, Freimaurerlogen), wurde ein neues Kapitel in den west-östlichen Beziehungen aufgeschlagen. Die Abendländer hörten nur so viel heraus, dass die muslimische Welt eine Reform anstrebte und ihr der Islam dabei als Wegweiser diente – und unter die bloße Annahme mischten sich unausgesprochen schon Ablehnung und Missbilligung seitens des Okzidents, der sich seit dem Zeitalter der Aufklärung und der Französischen Revolution (1789) immer entschiedener auf die Trennung von Kirche und Staat zu bewegte.

Es sei an den berüchtigten Vortrag Ernest Renans (1823-1892) erinnert, den der berühmte französische Philosoph 1883 an der Sorbonne hielt, und in dem er sich mit Verve und einem ganzen Arsenal von Argumenten daran machte, den Nachweis zu führen, dass der Islam von seinem ganzen Wesen her wissenschaftsfeindlich sei und die Araber ihrer Natur nach keinerlei Neigung zu Wissenschaft oder Philosophie verspürten. Damit schloss er sich den Äußerungen Ibn Khaldûns an, dessen Ansicht über die Araber ihm bekannt war. Der Fall geriet zum Skandalon, das die gesamte muslimische Welt erfasste. Die Antwort, die daraufhin Dschamâl ad-Dîn al-Afghâni gab, fiel überaus heftig aus, und es folgte ein kollektiver Aufschrei sämtlicher muslimischen Intellektuellen der Welt. Kreuz und quer schossen die Erwiderungen und Erwiderungen auf Erwiderungen rund um den Erdball. Es stimmt einen traurig, dass solche Debatten, eine derart friedliche, elaborierte Diskussionskultur heutzutage undenkbar sind. In seiner berühmten Studie *Orientalism* (1978/2003) kritisiert der palästinensisch-amerikanische Literaturtheoretiker Edward W. Said den kolonialistischen Orientalismus-Diskurs Renans und prangert die jahrhundertelange Gewalt an, mit welcher der Westen dem Orient begegnet. Saids *Orientalismus*-Buch kann heute mit neuen Augen gelesen werden[28] – im aktuellen weltpolitischen Kontext erscheinen manche seiner Schlussfolgerungen in einem noch sehr viel grelleren Licht. Nach der Lektüre lässt sich die Haltung und Befindlichkeit der arabischen Intellektuellen besser nachvollziehen.

Am Rande sei angemerkt, dass über die religiöse Identität al-Afghânis bis heute spekuliert wird. Manche halten ihn für einen Perser und Schiiten dschafaritischer Obedienz (Zwölferschia), andere wiederum für einen sunnitischen Afghanen und Anhänger der asch-Schâfi'î-Schule. Er selbst zeigte sich gleichermaßen dem Iran wie Afghanistan verbunden und kannte sich in den feinsten Subtilitäten beider Rechtsschulen aus, die man ihm zuschrieb. Dafür gibt es zweifellos eine Erklärung: Er war um die Erneuerung des Islam bemüht, was in seinen Augen eine ganzheitliche Herangehensweise verlangte, die die dogmatischen Trennlinien zwischen den beiden großen muslimischen Strömungen, Schia und Sunnitentum, transzendierte.

Einige Jahrzehnte später rief in Nordafrika der algerische Denker Ben Badis (1889-1940), der sich den reformerischen Ansatz al-Afghânis und Abduhs zu eigen gemacht hatte und zugleich stark vom libanesischen Drusenfürsten Chakib Arslan (1869-1946)[29] beeinflusst war, die algerische Ulema-Bewegung ins Leben, deren Wahlspruch mit leichten Abwandlungen in der ganzen arabischen Welt Karriere machen sollte: „Algerien ist mein Vaterland, der Islam meine Religion und das Arabische meine Sprache." In den 1930er Jahren verurteilte er mit scharfen Worten und großer Zivilcourage Faschismus, Nationalsozialismus und Antisemitismus. Diese Ideologien stießen bei vielen Algerienfranzosen, Anhängern des Maréchal Pétain und Sympathisanten des Hitlerreichs, auf Resonanz – wie auch in den nationalistischen Kreisen der Araber, die, wenngleich aus anderen Gründen, mit Hitler sympathisierten: Sie folgten hierin dem Großmufti von Jerusalem, Hadj Amin al-Husseini, der sich Hitler angenähert, offiziell den Dschihad gegen Juden, Zionisten und Westeuropäer (Franzosen und Engländer) erklärt und die jungen Araber dazu aufgerufen hatte, sich als Freiwillige bei der deutschen Wehrmacht zu verdingen. Viele folgten diesem Aufruf und wurden ein Teil diverser Kampfeinheiten (13. Waffen-Gebirgs-Division der SS „Handschar", die in Frankreich und auf dem Balkan wütete; Arabisches Freiheitskorps, Arabische Brigade, Legion Freies Arabien).

Als der Westen erstmals Bekanntschaft mit dem Islamismus

schloss, ruhte dieser noch in sich, als unaufregte, durch nichts getrübte Strömung, an deren Spitze bedeutende Intellektuelle standen. Doch nur wenige Jahre später sollte er sich schon radikalisieren, mit Hassan al-Banna, der aus der geistigen Schule von al-Afghâni und Muhammad Abduh stammte, die er zwar bewunderte, doch deren grundlegenden Ansatz und deren Methodik er als verfehlt ansah. Er widersprach ihrer rein spiritualistischen Konzeption des Islam und proklamierte, die Muslime müssten sehr viel weiter gehen und einem sozialen und politischen Islam zum Durchbruch verhelfen, mit dessen Hilfe sie sich vom Joch des Kolonialismus und dem Einfluss des Westens befreien könnten, zur Not unter Rückgriff auf radikale Methoden. Er war erst einundzwanzig Jahre alt, da gründete er in Isma'ilia die Muslimbruderschaft (*al-ikhwân al-muslimûn*), die sich Anfang der 1940er Jahre einen bewaffneten Arm im Untergrund zulegte, die sogenannte „Geheimorganisation".

Dieser Islamismus nach Manier der Muslimbrüder fand auf Anhieb riesigen Anklang in der gesamten arabischen Welt, wo er sich auf sonderbare Weise mit dem keimenden Gedankengut des Nationalismus und Panarabismus vermischte (Mobilisierung der Völker, bewaffneter Unabhängigkeitskampf, arabische Einheit). Dieser etwas überstürzte Synkretismus generierte eine hybride Strömung mit einerseits moderner Zielsetzung: der Staatsgründung nach westlichem Modell, andererseits traditionalistischer Zielvorgabe: der Gründung eines islamischen Staats. So kam es zum Hybridkonzept einer „islamischen Republik", das jedem gerecht werden sollte: den modern Denkenden, die den republikanischen Werten nahestanden, wie den religiös Orientierten, die naturgemäß eher zu einer Regierungsform nach den Vorgaben der Scharia neigten.

Der Westen geriet im Zuge der Entkolonialisierung zwar in Berührung mit diesem synkretistischen Islamismus, doch da dieser seine verworrene Rhetorik mit einem modernen nationalistischen Diskurs vermengte, war er weder besonders deutlich zu hören noch sonderlich sichtbar. Und dann setzten sich ja auch sehr schnell die sozialistisch inspirierten Nationalisten durch und gründeten ihre monolithischen Einheitsparteien.

Mit dem Sturz des Schahs, der Errichtung einer islamischen Republik im Iran und dem Sieg der afghanischen Islamisten (mit Hilfe der USA) über die Sowjets, die ihr Land besetzt hielten, entdeckte der Westen, dass der Islamismus auf dem Zenith seiner Macht angelangt war und seine Ambitionen immer größer wurden. Dieser Islamismus hatte seinen ganzen spirituellen, moralischen, kulturellen und sonstigen Unterbau verloren und die dschihadistisch-terroristische Phase erreicht. Er sollte zu einem mörderischen Faschismus werden, der nur noch eines kannte: den Willen zur Macht.

Trotz aller von den Islamisten begangenen Untaten, die das Ansehen des Islam beschädigt haben, werden die muslimischen Völker nicht müde, sie zu wählen. So geschehen in der Türkei, Afghanistan, Algerien, Tunesien, Marokko und Ägypten. Andernorts sind sie schon jetzt dominant, und es ist nur eine Frage der Zeit, bis sie auch da in der Regierung sitzen. Sogar die in Europa lebenden Muslime wählen in ihrer Heimat in großer Zahl die Islamisten. Und wer gegen sie ist, kritisiert sie trotzdem nicht öffentlich oder geht aktiv gegen sie vor, nicht nur, weil es gefährlich wäre, sondern vor allem, weil der Islamismus in Europa wie in den Heimatländern quer durch die Familien verläuft. Gegen den Islamismus anzugehen, das hieße, gegen die eigene Familie, gegen Brüder, Nachbarn, Freunde vorzugehen. Mit den eigenen Leuten aber versucht man sich zu arrangieren, und schlimmstenfalls trennen sich die Wege.

Es ist zu früh, ein Urteil zu fällen, aber es scheint, dass der Islamismus primär ein Problem für den Westen darstellt, dessen Wertesystem er scharf kritisiert und gegen dessen Interessen er verstößt – auch wenn er vorläufig den Seinen, den Muslimen, den größeren Schaden zufügt. Gleichwohl ist es denkbar, dass die Muslime in den muslimischen Ländern sich mit dem Islamismus arrangieren werden, denn sie haben ja immerhin eines mit ihm gemein: den Islam. Insofern ist das türkische Beispiel näherer Betrachtung wert; hier haben Islam, Demokratie und Islamismus zueinander gefunden und bauen gemeinsam eine neue Türkei auf.

Rückblickend muss man feststellen, dass sowohl die westlichen Regierungen wie auch jene der arabischen und muslimischen Staaten den Islamismus unterschätzt haben. Und dann hat man ihn frontal bekämpft. Im Westen hat man die arabischen Diktaturen gestützt, die den Islamismus aufhalten sollten und ihn mit Waffengewalt bekämpften. Dadurch hat man ihn letztlich gestärkt; man hat ihm die Helden und Märtyrer gegeben, die er brauchte, um sich mit einem Heiligenschein zu präsentieren, welcher des Propheten würdig ist, der gegen die Ungläubigen zu Felde zog.

Man hat aus der Frage, wie dem Islamismus zu begegnen sei, ein großes Geheimnis gemacht: einen Fall für Experten und Sicherheitsdienste unter Ausschluss der Öffentlichkeit, obwohl es sich doch um eine politische Frage handelt, eine Frage von allgemeinem Interesse also, für die man die Gesellschaft mobilisiert. Wer ein soziales Problem ausschließlich den Experten überlässt, wird mit aller Wahrscheinlichkeit erleben, dass es sich zuspitzt und potenziert. Wer es dagegen offen und bei Licht diskutiert, verscheucht die Schatten und lüftet den Schleier des vermeintlichen Mysteriums. Dafür ist es nun zu spät, neue Strategien müssen her, denn der Islamismus hat in der Zwischenzeit an Macht und Legitimation gewonnen, er blickt jetzt auf eine Geschichte zurück – und er regiert. Er dominiert in über zwanzig Staaten, die zusammen mehrere Hundertmillionen von Einwohnern in die Waagschale werfen. Die Situation ist eine völlig andere als je zuvor.

Die Wirtschaftskrise – vielleicht ist es sogar eine Wertekrise –, in der die großen Länder des Westens derzeit stecken, dazu die Verlagerung des Schwerpunkts der Weltwirtschaft nach Asien und das Fehlen von Absprachen dieser Länder untereinander, lassen vermuten, dass der Islamismus künftig einen größeren Aktionsspielraum haben wird. Chinesen, Russen, Brasilianer, Südafrikaner etc. werden sich ihm gegenüber anders verhalten. Sie kennen ihn nicht wirklich, hatten keine besondere historische Beziehung zu ihm. Sie werden problemlos mit ihm zusammenarbeiten können und ihn mit allem beliefern, was auch immer er bei ihnen wird ordern wollen.

VII. – Was daraus folgt

Der Islamismus hat einen weiten Weg hinter sich. Schon in der Frühzeit des Islam wollten religiöse Eiferer Gott näher sein als der Prophet selbst, der als Prophet und Parteichef, Staatsführer und Armeelenker, Erzieher, Richter und Oberhaupt einer großen Familie auf vielerlei Weise gefordert war. Er brachte keineswegs die für all diese Aufgaben erforderlichen Qualifikationen mit; er war Analphabet und hatte nie etwas anderes als den Beruf des Kaufmanns ausgeübt. Seine Schule war das Leben, er lernte von seinen Gefährten und vom Erzengel Gabriel (Dschibrîl), der ihm Allahs Botschaften überbrachte.

Wie Packeis im Frühjahr, so zersplitterte der Islam rapide in gegnerische, um nicht zu sagen einander feindlich gesonnene Lager – Charidschiten und Sunniten, Sufis und Schiiten – und das war erst der Anfang. Bald sollten Aberdutzende einzelner mehr oder weniger gewaltiger erratischer Blöcke durch geographisch und kulturell sehr verschiedene Zonen treiben, im afrikanischen, europäischen, indischen und asiatischen Raum. Die Einrichtung eines Kalifats mit absolutistischer Macht und die endgültige Niederschrift des Koran brachten ein wenig Ordnung in den brodelnden Auflösungsprozess. Infolge der Ausdehnung des Islam durch Predigt und Eroberung (entsprechend der Mission, mit der Allah die Muslime betraut hatte) und der Entdeckung und Konfrontation mit bedeutenden Zivilisationen (Persien, Türkei, China, Indien, Afrika) verschoben sich Mittelpunkt und Machtzentrum der muslimischen Welt ein ums andere Mal.

Und je mehr Zeit verging und je mehr das vom Islam beherrschte Territorium wuchs, umso mehr nahm auch die Zahl der Glaubensspaltungen zu, und umso mehr geriet die muslimische Welt ins Wanken. Letztlich sollte sie gar nicht so lange währen, kaum solange wie das Römische Reich, das rund 500 Jahre existierte – oder ein volles Jahrtausend, nimmt man die fünf Jahrhunderte vor der Römischen Republik hinzu. Allerdings war das Reich des Islam sehr viel größer. Und wie das Imperium Romanum, so brach auch das muslimische Reich mit jäher Wucht auseinander. Der Mittelpunkt der Welt verlagerte sich nach Europa, dessen Wertesystem in krassem Widerspruch zu jenem stand, auf dem die Welt des Islam beruhte. Zwar glaubte man an denselben Gott und hatte dieselben Propheten (deren Stellenwert im Islam indes ein anderer war: aus Jesus, im Christentum Gottes Sohn, wurde im Islam ein eher unbedeutender Prophet, während Abraham, der den Christen nicht ganz so wichtig war, bei den Muslimen gleich hinter Mohammed rangiert), aber ansonsten: keine Gemeinsamkeiten. Die Kollision von Islam und Christentum blieb nicht aus. Sie vollzog sich auf friedliche Weise, solange das maurische Andalusien die Welt überstrahlte, muslimische Gelehrte kreuz und quer durch Europa reisten und an den in Frankreich und Italien neu gegründeten Universitäten lehrten. Dann aber kam es zum militärischen Zusammenstoß: Man schlug sich allerorten, um sich von der muslimischen Besatzung zu befreien, in Frankreich, Spanien, Sizilien, Österreich und – mit geradezu sagenhafter Leidenschaft – in Palästina.

Daraufhin setzte ein jahrhundertelanger Rückzug ein: Araber und Muslime verloren allenthalben an Terrain; ihre Welt schrumpfte massiv, bis hin zur politisch-kulturellen, wissenschaftlichen und ökonomischen Bedeutungslosigkeit. Nichts war geblieben vom Goldenen Zeitalter und dem mythischen *dar al-islam*. Ihr Land wurde zerteilt, neu zusammengesetzt und kolonisiert und entvölkerte sich infolge von Krieg, Armut und Emigration.

Eines aber war ihnen geblieben. Etwas, das ihnen niemand nehmen konnte: der Islam. Als ihre letzte Hoffnung, letzte Zuflucht, und als Deckmantel zur Verschleierung ihres Elends. Wohl gab es im Lauf der Jahrhunderte immer wieder einmal Pläne zu einer Erneuerung, doch drangen diese nicht an die Öffentlichkeit, kamen über die Kreise, die sie ersonnen hatten, nicht hinaus. Bis dann der Islamismus kam. Seine Vision einer Erneuerung der Gesellschaft durch den Islam schien glaubhafter und vielversprechender als alles zuvor: ein globales Projekt, das soziale, religiöse und politische Aspekte umfasste. Und dann ist es ja auch der Traum eines jeden Muslims, für den Islam zu sterben.

Der Plan fand großen Anklang bei den Völkern der arabischen Welt, die mit umso größerer Überzeugung hinter ihm standen, als jene, die sie regierten, Fremde waren, arrogante, ausbeuterische Ungläubige, und alle, die nach der Unabhängigkeit deren Positionen einnahmen, sich als korrupte, vom Glauben abgefallene Despoten erwiesen. Was für eine Alternative hatten sie denn? Die Demokratie nach westlichem Modell erforderte eine Ideenrevolution, die im Islam nicht durchführbar war, da sie in eklatantem Widerspruch zu dessen grundlegenden Gesetzen stand. Im muslimischen Universum gab es in vierzehn Jahrhunderten keinen einzigen der europäischen Aufklärung vergleichbaren Ansatz einer geistesgeschichtlichen Revolution, der sich hätte durchsetzen können. Sollte es jemals Anwandlungen dieser Art gegeben haben, kamen sie jedenfalls nicht über die Schwelle geschlossener Kreise hinaus, wo sie im Keim erstickt wurden.

Das, was man etwas voreilig den „Arabischen Frühling" genannt hat, wartet darauf, neu bewertet zu werden. Ist es wirklich die erste Etappe auf dem langen, chaotischen Marsch hin zur Demokratie? Ist es der Beginn einer islamistischen Diktatur? Was wird dabei herauskommen? Eine Union islamistischer arabischer Staaten, die die lang erwartete *Nahda* durchführt? Neue Militärdiktaturen? Ein Zustand dauerhafter Anarchie wie in Somalia, Afghanistan, Libyen und dem Irak, und noch mehr Bürgerkriege? Massenauswanderungen? Wie wird die demokratische Opposition dieser Länder reagieren? Wird es zum bewaffneten Widerstand kommen? Werden die Islamisten sich zerstreiten und gegenseitig bekämpfen? Wie werden sich die Beziehungen zum Westen gestalten? Welche Zukunft gibt es für die Mittelmeerstaaten? Welche Entwicklung nimmt der israelo-arabische Konflikt? Werden die Islamisten weniger Schaden anrichten, weniger zur Korruption neigen als ihre Vorgängerregime? Werden sie sich in puncto Wirtschaft und Sicherheitspolitik gleichermaßen kompetent erweisen wie die türkischen Islamisten? Was werden sie ihren Ländern einbringen? Was der Welt?

Noch sind alle Fragen, alle Befürchtungen, alle Hoffnungen möglich.

Bislang hat man in der Arabischen Welt die Islamisten immer nur in der Opposition erlebt, einer friedlichen oder bewaffneten Opposition. Nunmehr sind sie an der Macht. Für die „arabischen" Staaten fängt wahrlich eine neue Ära an. Vielleicht aber auch für die Welt.

VIII. Anhang

ANHANG 1

Glaubensrichtungen, Schulen und Bewegungen im Islam

Der Islam hat sich im Lauf der Zeit in Glaubensrichtungen aufgespalten, aus denen verschiedene Rechtsschulen hervorgegangen sind, die sich ihrerseits in mehrere Bewegungen, Gruppierungen und Sekten aufgeteilt haben:

1 – Sunnitentum

Vier Rechtsschulen:
Schafiiten, Hanafiten, Hanbaliten, Malikiten

Mehrere Bewegungen:
Athari-Schule – al-Asch'arî-Schule – Maturidi-Schule – Salafiten – al-Habasch – al-Ikhwân al-Muslimûn (Muslimbrüder) – Wahhabiten – Tablighi Jamaat

2 – Schia

Drei Rechtsschulen:
Usuliten – Akhbariten – Dschafariten

Bewegungen:
Zwölferschia – Rafidithen – Aleviten – Yarsanismus – Alawiten – Schaichismus – Khodjas – Siebener-Schiiten – Drusen – Nizariten – Mustaliten – Dawudi-Bohras – Kaisaniten – Zaiditen …

3 – Sufismus

Bruderschaften:
Aissaoua – Schadhiliyya – Chishtiyya – Muridiyya – Naqschbandiyya – Nematollahiyya – Qadiriyya – Rahmaniyya – Tidschaniyya ...

4 – Charidschiten

Ibaditen – Azraqiten – Sufriten – Nakariten – Mu'taziliten – Murgi'a – Koraniten – Takfiristen ...

5 – Nicht vom orthodoxen Islam anerkannte Strömungen:

Ahmadiyya – Nation of Islam – Din-i ilahi

Die hier abgebildete Übersicht ist alles andere als vollständig; sie soll dem Leser in erster Linie die äußerst bewegte Geschichte des Islam vor Augen führen. Wie im Christentum, so waren die Schismen und Glaubensspaltungen, die die islamische Welt erschütterten, mehrheitlich schmerzlich und führten auf der Flucht vor Verfolgern mitunter zu gewaltigen Bevölkerungsverschiebungen.

ANHANG 2

Die Muslime in der Welt –
Aufteilung nach Ländern und Regionen

Einen sehr guten Überblick über die Welt der Muslime bieten die Berichte des *Pew Research Centers*, eines amerikanischen Think Tanks. Das Washingtoner Meinungsforschungsinstitut führt regelmäßig weltweite Umfragen zu kontrovers diskutierten, für die Entwicklung Amerikas und der Welt relevanten Themen durch.

Der Studie *The World's Muslims: Unity and Diversity*[30] zufolge leben in 170 Ländern der Welt Muslime; ihre Zahl übersteigt in 88 Ländern die 5-Prozent-Grenze und in 47 Ländern bilden sie die Bevölkerungsmehrheit (mehr als 50 Prozent).

Eine Verteilung nach Regionen präsentiert sich wie folgt:

Regionen	Zahl der Muslime (in Millionen)	% Bevölkerung der Region	% der muslimischen Weltbevölkerung
Asien	972	24,1	61,9
Maghreb und Naher Osten	315	91,2	20,1
Subsaharisches Afrika	240	30,1	15,3
Europa	38,1	5,2	2,4
Amerika	4,97	0,5	0,3
Welt	1572	22,9	100

Dem Pew-Research-Center-Report zufolge steigt die Zahl der Muslime jährlich um 1,5 % versus 0,7 % für die anderen

Religionsgemeinschaften. In den USA hat sich die muslimische Bevölkerung innerhalb eines Jahrzehnts verdoppelt. In Europa indes legt sie die größte Dynamik an den Tag; manche Hochrechnungen lassen erwarten, dass die Zahl der Muslime im Jahr 2030 bei 58,2 Millionen liegt, das entspräche 7,6 % der Gesamtbevölkerung. Die von dieser Entwicklung am meisten betroffenen Länder sind Belgien, wo die Zahl der Muslime von 6 % auf 10,2 % steigt, Frankreich, das mit 10,3 % versus heute 7,5 % dabei wäre, Schweden, das von 5 % auf 10 % käme, England von 4,6 % auf 8,2 % und Österreich von 6 auf 9,3 %.

Dieser Zuwachs vollzieht sich auf natürlichem Wege (Geburtenrate), durch Zuwanderung oder Konversion zum Islam, ein Phänomen mit deutlich steigender Tendenz.

Eine andere bemerkenswerte Entwicklung ist der spürbare Rückgang des arabischen Anteils an der Gesamtzahl der Muslime weltweit. In zwanzig Jahren wird es in 79 Ländern einen muslimischen Bevölkerungsanteil von mehr als einer Million Menschen geben, gegenüber 72 Ländern derzeit. Die Zahl der Muslime weltweit soll von 1,6 auf 2,2 Milliarden anwachsen, wobei 6 von 10 Muslimen im Großraum Asien/Pazifik leben werden, zwischen Indonesien und Pakistan. Und in Afrika wird Nigeria Ägypten um seine Spitzenposition als bevölkerungsreichster muslimischer Staat des Kontinents bringen. Diese demographische Entwicklung wird höchstwahrscheinlich Auswirkungen auf die Beziehungen im Inneren der muslimischen Welt haben, aber auch auf das Außenverhältnis zwischen ihr und den übrigen Weltregionen.

Anhang 3

Kleiner Abriss der Arabischen Welt

Die Arabische Welt zu definieren, fällt nicht eben leicht. Es fragt sich, auf welchen gemeinsamen Nenner sich dieses heterogene Ensemble bringen lässt, welche Kriterien für eine Definition tauglich sind – Konfession, Sprache, Nationalität?

Konfession?
Wenn die Zugehörigkeit zum Islam das alleinige Kriterium wäre, würde das bedeuten, dass die Gesamtheit der muslimischen Länder zur „Arabischen Welt" gehörte, rund 1,6 Milliarden Menschen, von denen aber die meisten in Asien (Indonesien, Malaysia, China, Indien …) leben.

Sprache?
Nicht minder tauglich erweist sich das Kriterium der arabischen Sprache. Arabisch wird in vielen Ländern und Regionen gesprochen, die sich der sogenannten Arabischen Welt in keiner Weise zurechnen lassen.

Im Tschad, Niger, Mali, dem Iran und der Türkei ist die arabische Sprache weit verbreitet, in den ländlichen Zonen mehrerer Staaten – Senegal, Südsudan, Kamerun, Erithrea, Äthiopien, Kenia, Tansania und Zentralafrikanische Republik – ist sie präsent.

Wenngleich im Maghreb und Maschrek das Arabische dominiert, werden dort auch noch andere Sprachen gesprochen: die Berbersprachen und das Kurdische sowie, infolge der Kolonisationen, Französisch, Englisch, Spanisch und Italienisch.

Nationalität?
Die Kriterien der nationalen oder ethnischen Zugehörigkeit sind wenig präzise und decken sich zudem mit keiner Realität. Eine arabische Rasse oder Nation gibt es nicht.

Vor der Gründung der Arabischen Liga im Jahr 1945 umspannte die Arabische Welt ein sehr viel kleineres Gebiet als heute. Weder Algerien (damals ein französisches Departement) noch der Sudan, Somalia oder Dschibuti gehörten dazu. Die Arabische Liga hatte seinerzeit sieben Gründungsmitglieder (Ägypten, Saudi-Arabien, Syrien, Jordanien, Irak, Libanon, Nordjemen) – heute sitzen zweiundzwanzig Staaten am Tisch. Und nichts spricht dagegen, auch noch den Tschad, Mali, Kurdistan (wenn es denn gegründet werden sollte), Niger und andere Staaten mit ins Boot zu holen, sollte die Liga morgen auf diesen Gedanken kommen. Mit anderen Worten, es ist die Zugehörigkeit zur Arabischen Liga, die deren Mitgliedsstaaten die arabische Identität verleiht.

Als König Hassan II. 1987 für Marokko einen Beitrittsantrag zur Europäischen Union stellte, beantragte er faktisch, Marokko nach denselben Spielregeln, nach denen sich die Arabische Liga konstituiert hatte, zu einem europäischen Land zu machen: Der Beitritt zu einem Staatenbund verleiht jene Identität, zu der sich der gesamte Bund bekennt. Was keineswegs abwegig ist: Jedes andere Kriterium (Religion, Sprache, ethnische Zugehörigkeit, Hautfarbe oder was auch immer) würde die Konstitution solch transnationaler Gebilde völlig unmöglich machen, da sich die Bevölkerung der verschiedenen Regionen ja in vielerlei Hinsicht sprachlich, konfessionell oder ethnisch unterscheidet. Selbst das Wertesystem wäre kein geeigneter Faktor, um Zugehörigkeit zu definieren – Menschen können durchaus unterschiedliche Werte vertreten und doch eine Gruppenidentität annehmen.

Die Historie hat die „arabische" Welt in zwei große Blöcke aufgeteilt: den Maghreb, der aus den Ländern im Westen von Ägypten besteht, und den Maschrek, die Länder östlich von Ägypten. Über lange Zeit war Ägypten infolge seiner herausragenden historischen Rolle und seiner Bevölkerungsgröße Dreh- und Angelpunkt dieser Welt. Aus Gründen, die mehr der historisch-geographisch-kulturellen Homogenität Rechnung tragen, wird mitunter auch anders unterteilt: in den Maghreb (Mauritanien, Algerien, Marokko, Tunesien, Libyen), das Niltal (Ägypten, Sudan), das Horn von Afrika (Dschibuti, Somalia, die Komoren), den Fruchtbaren Halbmond (Irak, Syrien, Libanon, Jordanien, Palästina) und die Arabische Halbinsel (Saudi-Arabien, Bahrain, Qatar, die Vereinigten Arabischen Emirate, Kuwait, Oman, den Jemen).

In ähnlicher Weise wird ja auch in West- und Osteuropa, Nord- und Südeuropa, ein reiches Europa und ein Europa der Armen unterteilt. Diese Untergliederungen sind keineswegs arbiträr, sie entsprechen (historischen oder auch nur gedachten) Trennlinien zwischen den verschiedenen Regionen des gesamten Gebiets und sind insofern von durchaus praktischem Nutzen.

Bevölkerung:
Die offiziellen Bevölkerungsstatistiken in der Arabischen Welt sind mit Vorsicht zu genießen. Sie werden von Institutionen erstellt, die Vorgaben zu erfüllen haben, die nicht zwangsläufig jene der Demographie sind. In diesen Statistiken wird die Bevölkerung – wie in etlichen europäischen Staaten, wenngleich aus anderen Gründen – nicht nach ethnischen, religiösen oder

sprachlichen Kriterien erfasst. Die offiziellen Statistiken jener Länder betrachten die Bevölkerung als homogene Grundgesamtheit, die aus Arabern und Muslimen besteht. In Algerien wird man niemals wissen, wieviele Berber, Araber, Muslime, Christen, Juden und andere das Land zählt, oder wie viele Sprecher dieser oder jener im Land geläufigen Sprache (Arabisch, *Tamazight*, Französisch) es gibt. Man weiß lediglich, dass Algerien im Jahr 2012 rund 36 Millionen Einwohner zählte, die nach den üblichen demographischen Kriterien aufgeschlüsselt wurden, nach Alter und Geschlecht, Wohnort, Beruf etc. In den anderen arabischen Ländern dürften die offiziellen Statistiken dementsprechend nichts oder nur sehr wenig über Kurden, Armenier, Kopten, Juden etc. aussagen.

Die von nicht-offiziellen Organisationen erstellten Statistiken sind indes noch um einiges fragwürdiger.

Amtssprache:
In sämtlichen Mitgliedsstaaten der Arabischen Liga ist Arabisch die Amtssprache. Doch in all diesen Ländern ist die Sprachenfrage, sind und waren Sprachkonflikte bis heute ein großes Problem. Im Maghreb haben die Berber oder Masiren, die *Imazighen*, lange für die verfassungsmäßige Anerkennung ihrer Sprache, des *Tamazight*, gekämpft. In Algerien wurde sie 2002 in die Verfassung aufgenommen, aber vorerst nur als Nationalsprache; lediglich in Marokko ist das *Tamazight* seit der Verfassungsreform vom Juli 2011 auch offizielle Sprache. Nun muss dieser von der Verfassung bereitgestellte Rahmen inhaltlich gefüllt werden, was ein langer und schwieriger Prozess zu werden verspricht. In den anderen Maghrebstaaten (Tunesien, Libyen) beginnen sich die unter dem Gaddafi- und Ben-Ali-Regime sehr verhaltenen Forderungen allmählich offen zu artikulieren. Die mauretanische Regierung wiederum leugnet

schlicht und einfach die Existenz einer Berbersprache in Mauretanien. Dort kämpfen schwarze Bevölkerungsgruppen nicht nur um die Anerkennung ihrer Sprache, sondern generell um ihre Bürgerrechte.

Noch einmal anders stellt sich die Sprachenfrage im Maschrek dar, vor allem in Syrien und im Irak, wo das Kurdische zur Disposition steht.

Wirtschaft:
Die nationalen Volkswirtschaften der einzelnen Mitgliedsstaaten der Arabischen Liga sind weder miteinander verflochten noch in einen gemeinsamen Markt integriert, wie es in der Europäischen Union der Fall ist. Die innerarabische Integration ist quasi inexistent, der gegenseitige Warenaustausch erreicht keine 2 % des Handelsvolumens mit der übrigen Welt. Das liegt daran, dass jedes einzelne Land nach Maßgabe seiner individuellen Besonderheiten in den Weltmarkt integriert ist. Viele Länder sind fast ausschließlich durch ihre Öl- und Erdgasexporte (Algerien, Libyen, Saudi-Arabien, Qatar, Kuwait, Vereinigte Arabische Emirate) auf dem Weltmarkt präsent, andere durch den Tourismus oder die Landwirtschaft oder die Heimatüberweisungen ihrer Emigranten (Marokko, Tunesien, Ägypten). Keiner dieser Staaten verfügt über eine moderne Industrie als Garant für regelmäßige Exporteinkünfte. Sämtliche Volkswirtschaften sind äußerst instabil und können von jeder Krise erfasst werden, die sich im In- oder Ausland manifestiert. Eine Modernisierung scheint vorerst nicht anzustehen, jedenfalls nicht, solange diese Länder sozial und politisch schwierige Phasen durchmachen. Seit dem „Arabischen Frühling" sind alle arabischen Volkswirtschaften von der Stagnation erfasst oder, schlimmer noch, verzeichnen einen Rückgang.

Das Potential der Arabischen Welt:
Da gäbe es vieles zu nennen, doch ihr gesamtes Potential ins rechte Licht zu rücken und ökonomisch sinnvoll zu nutzen, setzt eine Revolution im Governance-System der arabischen Staaten voraus. Die beiden größten Stärken dieser Länder sind zweifellos die Jugend ihrer Bevölkerung und die geostrategisch günstige Lage am Schnittpunkt von Europa, Afrika und Asien. Für den Welthandel sind diese Trümpfe essentiell. Darüber hinaus haben die arabischen Länder zahlreiche natürliche Ressourcen, deren Valorisierung auf dem Binnenmarkt gleichbleibend hohe Einkünfte sichern könnte. Die komparativen Vorteile, über die die arabischen Staaten verfügen (Energieüberfluss, niedrige Energiekosten, relativ gut ausgebildete, preiswerte Arbeitskräfte, die Nähe zum europäischen Markt als Abnehmer potentieller Überproduktion ...), warten nur darauf, zugunsten einer prosperierenden nationalen Entwicklung genutzt zu werden.

ANHANG 4

Betrachtungen über die Araber:
Auszug aus der *Muqaddima* von Ibn Khaldûn[31]

25. Abschnitt

Die Araber vermögen nur über flaches Land Obmacht zu erlangen

Das ist deshalb so, weil die Araber*) aufgrund ihrer wilden und ungebundenen Natur ein Menschenschlag von Räubern und Zerstörern sind, die alles plündern, was sie ohne Kampf und ohne sich einer Gefahr auszusetzen, bekommen können, um sich dann in die Wüste zurückzuziehen. Sie gehen niemals offen gegen einen Feind vor und bekämpfen ihn, es sei denn, dass sie sich selbst verteidigen müssen. Treffen sie auf eine befestigte Stellung oder einen anderen Ort, der für sie schwer einzunehmen ist, so umgehen sie ihn, um sich einer leichteren Aufgabe zuzuwenden. Sie greifen ihn nicht an. Die Stämme, die durch unzugängliche Gebirge vor ihnen geschützt sind, sind auch vor ihren Verwüstungen und Zerstörungen sicher, da die Araber nicht zu ihnen in die Berge hinaufsteigen und sich diesen Beschwerlichkeiten und Gefahren nicht aussetzen.

Das flache Land hingegen, das sie überfallen, wenn eine Schutzgarde fehlt und die Staatsmacht schwach ist, wird für sie zu einer (leichten) Beute – wie ein Bissen, den sie verschlingen. Immer wieder verüben sie Überfälle, Raubzüge und Angriffe, was ihnen leichtfällt, bis sie sich schließlich die Bevölkerung des flachen Landes unterworfen haben. Dann wird sie zum

Spielball von einander in ihrer zerstörerischen Herrschaft ablösenden arabischen Stämmen, bis ihre Zivilisation erlischt.
Allah hat Gewalt über seine Schöpfung. Er ist der Eine, der Bezwinger. Es gibt keinen Gott außer ihm.

26. Abschnitt

Länder, die von Arabern erobert wurden, ereilt alsbald der Ruin

Die Ursache hierfür ist darin zu suchen, dass die Araber ein wild und ungebunden lebendes Volk sind, bei dem die Gewohnheiten und Gebräuche dieser Lebensform fest verwurzelt sind. Sie ist für die Araber zur Wesensart und zweiten Natur geworden. Sie empfinden dies als sehr angenehm, da sie auf diese Weise dem Joch der Herrschaft entgehen und sich nicht politischer Autorität unterzuordnen brauchen. Eine solche Veranlagung ist das Gegenteil des zivilisierten Lebens und mit diesem unverträglich. Den Ort zu wechseln und umherzustreifen, ist das eigentliche Ziel ihres täglichen Lebens. Es ist das Gegenteil des sesshaften Daseins, durch das die Zivilisation entsteht, und mit dem Sesshaftsein unverträglich.
So holen die Araber beispielsweise die Steine, die sie zum Aufstellen ihrer Kochgerätschaften benötigen, von Gebäuden, die sie zu diesem Zweck niederreißen. Ebenso gehen sie bei der Beschaffung von Holz vor, das sie für das Aufstellen ihrer Zelte sowie als Pflöcke für ihre Behausungen benötigen. Sie reißen hierzu die Decken (der Gebäude) herunter. Damit ist ihre Art zu leben mit der Tätigkeit des Bauens, das die Grundlage für die Zivilisation ist, unverträglich. Dies ist hinsichtlich ihrer Lebensverhältnisse generell der Fall.

Ebenso liegt es in der Natur der Araber, andere ihres Besitzes zu berauben. Ihren Lebensunterhalt erwerben sie mit Hilfe ihrer Lanzen. Wenn es darum geht, Menschen ihr Eigentum fortzunehmen, gibt es für sie keine Schranke, vor der sie haltmachen würden. Vielmehr rauben sie alles, was ihr Blick an Geld, Gütern und Geräten erspäht. Wenn sie nun Obmacht und königliche Herrschaft erlangt haben, haben sie dazu noch mehr Möglichkeiten, und jede Politik, die den Besitz der Menschen schützt, wird hinfällig, und so geht die Zivilisation zugrunde.

Des weiteren beauftragen sie die Handwerker und Gewerbetreibende mit Arbeiten, für die diese keinen Gegenwert und weder Lohn noch Preis sehen. Die Arbeit aber ist, wie wir später ausführen werden, die Quelle und das eigentliche Wesen des Gewinns. Wenn nun die Arbeit entwertet wird und unentgeltlich erfolgt, schwinden die Hoffnungen auf Gewinn und ziehen sich die Hände von der Arbeit zurück. Die Bevölkerung flieht (aus der Stadt), und die Zivilisation geht schließlich zugrunde.

Auch kümmern sich die Araber nicht um gesetzliche Vorschriften oder fühlen sich veranlasst, die Menschen von Untaten abzuhalten und die einen vor den anderen zu schützen. Sie begehren lediglich das Eigentum der Menschen, das sie durch Raub und Tributforderungen an sich bringen. Wenn sie das erreicht haben, sorgen sie sich um das Weitere nicht mehr, wie die Verwaltung des täglichen Lebens der Menschen, die Beachtung ihrer Interessen oder darum, einige mit Zwang von Untaten zurückzuhalten. Mitunter belegen sie den Besitz mit Abgaben in der Absicht, daraus Nutzen zu ziehen, um so den (eigenen) Besitz zu vergrößern, wie es bei ihnen nun einmal der Fall ist. Doch dies ist nicht geeignet, Verbrechen zu verhindern oder jemanden davon abzuhalten, diese zu begehen – im Gegenteil, es trägt dazu bei, dass noch mehr Missetaten begangen werden, da man die Zwangsabgabe im Verhältnis zu dem, was man (eigentlich) zu erreichen sucht, (noch) als (zu) gering ansieht.

Somit leben die Untertanen der Araber in einem anarchischen Zustand ohne jede Gesetzlichkeit. Und die Anarchie ist ein Zustand, der die Menschheit verdirbt und die menschliche Kultur zugrunde richtet, da, wie bereits gesagt wurde, die Herrschaft zum menschlichen Wesen gehört und ohne sie die Existenz der Menschen und ihr Zusammenschluss keinen Bestand haben. Zu Beginn des ersten Abschnitts war davon die Rede.

Des weiteren rivalisieren die Araber untereinander um die Führerschaft. Kaum jemand wird die Macht einem anderen überlassen, es sei selbst der Vater, der Bruder oder ein bedeutender Mann der eigenen Sippe, und wenn, dann nur selten und widerwillig. Emire und (andere) Befehlshaber gibt es viele bei den Arabern. Für die Untertanen wechseln (nur) die Hände, die die Steuern einnehmen und die Gesetze schreiben. Die Zivilisation aber verfällt und geht zugrunde.

Abd al-Malik fragte einen Beduinen, der zu ihm kam, nach al-Ḥadjdjādj und erwartete lobende Worte über dessen gute politische Verwaltung zur Förderung der Zivilisation. Der Beduine entgegnete ihm: ‚Als ich ihn verließ, tat er Unrecht nur allein.' Schau dir die Länder der Welt an, die die Araber beherrschten und eroberten. Wie ist ihre Zivilisation zerstört, wie sind sie entvölkert worden und wie wurde Land zu Niemandsland! Im Jemen sind bis auf wenige große Städte die Ortschaften verödet. Ebenso ist die Zivilisation des arabischen Irak, die die Perser entwickelt hatten, ruiniert. Nicht anders ist es im heutigen Syrien. Als zu Beginn des 11. Jahrhundert die Banū Hilāl**) und Banū Sulaim Ifrīqīya und den Maghrib***) durchstreiften und sich dort insgesamt 350 Jahre aufhielten und einander bekämpften, verfiel das flache Land gänzlich dem Ruin. Zuvor war das ganze Gebiet zwischen Sudan und dem Mittelmeer besiedelt gewesen, wovon die Spuren der dortigen Zivilisation Zeugnis ablegen, so die Bauwerke wie die Ruinen der Dörfer und Siedlungen.

Allah beerbt die Erde und die, die auf ihr sind. Es ist „der beste Erbe". [Koran 21.89(89)]

27. Abschnitt

Die Araber können nur dann zu königlicher Herrschaft gelangen, wenn sie von einer religiösen Aura, sei es durch Prophetentum, Heiligkeit oder eine (andere) großartige religiöse Einwirkung, umfangen sind

Die Ursache ist darin zu sehen, dass die Araber aufgrund ihres wilden und ungestümen Naturells unter allen Völkern am wenigsten bereits sind, sich einander unterzuordnen, da sie roh, stolz und ehrgeizig sind und um die Führerschaft wetteifern. Nur selten kommen sie in ihren Wünschen überein. Doch wenn sie die Religion durch einen Propheten oder Heiligen erfahren, wirkt der Einfluss, der sie zu zügeln vermag, in ihnen selbst. Hochmut und Rivalität fallen dann von ihnen ab, und es wird für sie leicht, sich unterzuordnen und zueinander zu finden. Dies rührt von der sie umfangenden Religion her, die Grobheit und Stolz bei ihnen schwinden lässt und ihre Missgunst und Rivalität in Schranken zwingt.

Wenn nun ein Prophet oder Heiliger unter ihnen ist, der sie veranlasst, den Geboten Allahs nachzukommen, der bei ihnen die tadelnswerten Charaktereigenschaften schwinden lässt und sie zu lobenswerten Eigenschaften führt, der ihre Kräfte zusammenfasst, um der (religiösen) Wahrheit zum Sieg zu verhelfen, dann finden sie endgültig zueinander und können zu Obmacht und königlicher Herrschaft gelangen. Andererseits sind sie von allen Menschen wiederum diejenigen, die die religiöse Wahrheit und die rechte Führung am schnellsten annehmen, da ihr Wesen von verkommenen Sitten noch nicht verdorben ist und frei von tadelswerten Charaktereigenschaften, abgesehen von ihrem wilden und ungezügelten Naturell, das jedoch schnell dazu zu bringen ist, das Gute anzunehmen, da es noch in seinem ursprünglichen Zustand verblieben ist und dem, was der Seele an verwerflichen Gewohnheiten und schlechten Verhaltensweisen eingepflanzt wird, fernsteht. Wie es im zuvor genannten Ḥadīth heißt, wird jedes Kind im Naturzustand geboren.

28. Abschnitt

Von allen Völkerschaften sind die Araber am wenigsten geeignet, ein Königtum zu führen

Der Grund ist, dass die Araber stärker als andere Völkerschaften dem nomadischen Dasein verhaftet sind, tiefer in die Wüste eindringen und weniger des Getreides von den (landwirtschaftlich genutzten) Hügeln bedürfen, da sie die Beschwerlichkeit und Härte des Lebens gewöhnt sind. Sie können ohne andere Menschen auskommen. Es fällt ihnen schwer, sich anderen unterzuordnen, da sie darauf nicht eingestellt sind sowie ungebunden und ungestüm leben. Ihr Führer bedarf ihrer zumeist wegen der ^{c}aṣabíya****), durch die die Verteidigung gewährleistet wird. Deshalb ist er gezwungen, sie gut zu behandeln und von Zwangsmaßnahmen Abstand zu nehmen, da anderenfalls seine $^c a ṣabíya$ Schaden nehmen würde, was sowohl sein als auch ihr Verderben bedeutete. Ein Königtum zu führen und Regierungsautorität auszuüben erfordert hingegen, dass der Führer mit Hilfe von Gewalt einen zügelnden Einfluss geltend macht. Anderenfalls hätte seine Führerschaft keinen Bestand.

Außerdem liegt es besonders in der Natur der Araber, wie wir vordem festgestellt haben, sich den Besitz der (unterworfenen) Menschen anzueignen, andererseits aber auch davon abzusehen, irgendwelche gesetzlichen Vorschriften für die Menschen zu erlassen und sie voneinander fernzuhalten. Wenn sie ein Volk beherrschen, so halten sie es für das Ziel ihrer Herrschaft, diese zu nutzen, um sich des Eigentums (der anderen) zu bemächtigen. Von gesetzlichen Vorschriften für die Betroffenen darüber hinaus nehmen sie Abstand. Mitunter bestrafen sie Vergehen mit Bußgeldern, im Bestreben, die Steuereinnahmen zu mehren und Gewinne daraus zu ziehen. Das hält jedoch keineswegs davon ab (Straftaten zu begehen) – je nach Zweck des Vergehens eher im Gegenteil, da die Anreize im Verhältnis zu den Strafen (sehr stark), die Bußgelder im Verhältnis zum Anreiz (hingegen) gering sind. Auf diese Weise nehmen die Vergehen zu und wird die menschliche Kultur ruiniert. Ein solches Volk verbleibt in einem Zustand fortwährender Anarchie, in der jeder gegen jeden die Hand erhebt. Eine Kultur kann sich bei diesem Volk nicht entwickeln, und es wird rasch zugrunde gehen. Das ist so in einer Anarchie, wie wir vorhin festgestellt haben.

Und deswegen liegt es dem Naturell der Araber fern, ein Königtum zu führen. Sie werden dieses Königtums teilhaftig, wenn ihr Naturell durch eine religiöse Aura gewandelt und verändert wird, die ihr altes Naturell auslöscht und sie dazu bringt, sich selbst zu zügeln, und die Menschen dazu veranlasst, voneinander Abstand zu nehmen, wie wir es gesagt haben.

Ein Beispiel hierfür liefert die Dynastie der Araber im Islam. Die Religion verhalf den Arabern durch das religiöse Gesetz und seine Vorschriften, die berücksichtigen, was der menschlichen Kultur innerlich wie äußerlich heilbringend ist, zur Führerschaft. So wie die Kalifen in der Führung einander folgten, wurde die Herrschaft der Araber mächtig und ihre Regierungsautorität groß. Als Rustam die Muslime sich zum Gebet versammeln sah, sagte er: ‚ᶜUmar isst meine Leber. Er lehrt die Hunde, sich gut zu benehmen.'

Später dann waren die Araber über Generationen hinweg von der Staatsmacht abgeschnitten und wandten sich von der Religion ab. So vergaßen sie die (einstige) Führerschaft, kehrten in ihre Wüstengebiete zurück und wussten fortan nichts mehr über die Beziehung, die zwischen ihrer *ᶜaṣabíya* und den Angehörigen der (herrschenden) Dynastie bestanden hatte, da es ihnen fremd geworden war, sich unterzuordnen und Gerechtigkeit walten zu lassen. Sie wurden wieder so unzivilisiert und ungebunden, wie sie einst gewesen waren. Von königlichen Attributen verblieb ihnen nur insofern etwas, als die Kalifen aus ihrem Geschlecht waren und ihrer Rasse entstammten.

Als die Macht des Kalifen schwand und auch seine Spuren ausgelöscht wurden, zerbrach die Macht der Araber gänzlich und ging ihnen verloren. Nichtaraber besiegten sie und nahmen ihre Stelle ein. Die Araber blieben nomadisierend in ihren Wüstengebieten zurück, ohne Kenntnis vom Königtum und seiner Führung zu besitzen. Viele von ihnen wissen sogar nicht mehr, dass sie in der Vergangenheit die Königsherrschaft innehatten und dass kein anderes Volk der Schöpfung einst eine derartige Herrschaft wie ihre Rasse besaß. Die Dynastien der ᶜĀd, Thamūd, der Amalekiter, Ḥimyar und Tubbaᶜ legen davon Zeugnis ab. Dann kam mit dem Islam die Dynastie der Muḍar, der Umayyaden und Abbasiden. Doch nachdem sie die Religion vergessen hatten, waren sie immer weniger mit politischer Führerschaft vertraut und kehrten so zu ihrem Ursprung, zum nomadischen Dasein, zurück. Manchmal erlangen sie noch Überlegenheit über schwache Dynastien, so derzeit im Maghrib, doch führt ihre Herrschaft nur zum Ruin der Kultur, die sie erobert haben, wie wir schon feststellten.

„Allah gibt seine Herrschaft, wem er will." [Koran 2.247 (248)]

Aus dem Arabischen von Mathias Pätzold.

---

*) Araber, in der Muqaddima häufig nur Bezeichnung für die nomadisch lebenden arabischen Stämme, die, wie die Banū Hilāl und Banū Sulaim, häufig eine für die sesshafte Zivilisation destruktive Rolle in der Geschichte des arabisch-islamischen Mittelalters spielten.

**) Banū Hilāl, Gruppe kriegerischer arabischer Nomadenstämme, die unter Bedrängung durch die Fatimiden [...] ab 1052 u. a. zusammen mit den Banū Sulaim [...] von Ägypten aus nach Westen vorzudringen begannen, den Zusammenbruch des Ziridenreiches [...] beschleunigten und mit der Eroberung des Maghrib [...] wesentlich zur Arabisierung der Berber und zur Verstärkung des nomadischen Elements beitrugen.

***) Maghrib (arab.), dt.: ‚Ort der Zeit des Sonnenunterganges' (d. h. der Westen). Allgemeinste Bezeichnung für Nordwestafrika, insbesondere die Gebiete des heutigen Marokko, Algerien und Tunesien.
Ifrīqīya, bei den Arabern Bezeichnung für die östlichen Teile des Maghrib [...], abgeleitet vom Namen der römischen Provinz ‚Africa'. Das Territorium Ifrīqīyas umfasste das Gebiet des heutigen Tunesien sowie östliche Teile Algeriens.

****) ᶜAṣabíya, Gemeinschaftsbewusstsein, altarabischer Clangeist, Gruppensolidarität; Soldaritätsgruppe; zentraler Begriff von Ibn Khaldûns Geschichtstheorie. (Anm. R. Keil-Sagawe)

Anhang 5

Anmerkungen

[1] Weiterführende Informationen für ein vertieftes Verständnis der islamischen Welt findet der Leser im Anhang.

[2] Insgesamt gibt es sechs kanonische, daneben noch einige andere mehr oder weniger authentifizierte *hadîth*-Sammlungen mit den Überlieferungen des Propheten, die mehrheitlich aus dem 9. Jh. stammen. Die beiden anerkanntesten Sammlungen sind jene von al-Buchârî und Muslim ibn al-Haddschâdsch. (Anm. d. Ü.)

[3] Genau genommen „das Gegangene", Partizip-Perfekt-Form der Wortwurzel *dhahaba,* ‚gehen'. (Anm. d. Ü.)

[4] Quelle aller deutschen Koranzitate hier und im Folgenden: *Der Koran. Das heilige Buch des Islam,* aus dem Arabischen von Max Henning, überarbeitet und herausgegeben von Murad Wilfried Hofmann, 2. Aufl., München 2001. (Anm. d. Ü.)

[5] Arabisch *'ulamâ,* Pluralform von *'âlim,* ‚Wissender', übliche Bezeichnung für die Religionsgelehrten im Islam. (Anm. d. Ü.)

[6] Aus dem Französischen von Bertold Galli, Reiner Pfleiderer und Thorsten Schmidt, München 2002; im Original: *Jihad. Expansion et déclin de l'Islamisme,* Paris 2000.

[7] Aus dem Französischen von Bertold Galli, Enrico Heinemann und Ursel Schäfer, München 2004; im Original: *Fitna. Guerre au cœur de l'Islam,* Paris 2004.

[8] Die *dhimma* (arab. ‚Schutz', ‚Obhut', ‚Garantie', ‚Zahlungsverpflichtung') geht als Institution des islamischen Rechts auf das zweite muslimische Jahrhundert (8. Jh. n. Chr.) zurück; sie bildete sich im Zuge der islamischen Eroberungen heraus. (Anm. d. Ü.)

[9] Zitiert nach: http://www.sueddeutsche.de/panorama/agenda-von-papst-franziskus-eine-arme-kirche-und-eine-kirche-fuer-die-armen-1.1626130 (Anm. d. Ü.)

[10] Auf der Webseite des PRC findet sich eine Fülle von Daten, die es erlauben, sich eine präzise Vorstellung von der islamischen Welt zu machen. Einige dieser Daten sind in Anhang 2 aufgelistet.

[11] Äußerst peripher ist beispielsweise auch die NOI, die *Nation of Islam,* in Amerika gegründet und nur dort existent, deren Anhänger hauptsächlich Schwarze waren, von daher der Name: *Black Muslims.* Ihre Geschichte ist aber ein interessanter Sonderfall, wie im informativen Buch von Robert Dannin, *Black Pilgrimage to Islam* (Oxford 2002), nachzulesen ist. Darin erfährt man, wie der Islam nach Amerika kam, nämlich mit den afrikanischen Sklaven muslimischen Glaubens zur Zeit des Sklavenhandels; man erfährt, wie er sich im Lauf der Zeit entwickelt hat, um mit den *Black Muslims* ein Mittel identitärer Selbstbehauptung und Instrument im Kampf gegen die

weiße Hegemonie zu werden; und man erfährt, wie er sich heute, vor dem Hintergrund des allenthalben expandierenden Islamismus, entwickelt, während zugleich der von den muslimischen Immigranten der letzten dreißig Jahre (Arabern, Afghanen, Afrikanern ...) „importierte" Islam als ein amerikanischer Islam Gestalt annimmt, sich organisiert und, wie überall, an seinen Rändern äußerst aktive islamistische Ausläufer hervorbringt, die höchstwahrscheinlich auch ihre Anbindung an die islamistische Internationale haben.

12 Vgl. *Erwarteter Erlöser*, von Schahid Großayatollah Sayyid Muhammad Baqir Sadr (Deutsch von J. A. Dierl; überarbeitet, ergänzt und erläutert von Y. Özoguz); und: *Recherchen über Imam Mahdi*, von Sayyid Mohammad Bager Sader, übersetzt von Abdol Hossein Adeli, (Hrsg.: Islamische Adademie Deutschlands e.V., Sektion München). (Anm. d. Ü.)

13 Ihr Name leitet sich ab vom arabischen Verb *charadicha*, ‚hinausgehen', ‚ausziehen', ‚sich absondern', ‚rebellieren'. (Anm. d. Ü.)

14 In dieser Region Algeriens spielt ein Teil von Boualem Sansals Roman *Dis-moi le paradis*, Paris 2003 (Dt. *Erzähl mir vom Paradies*, Gifkendorf 2004, Deutsch von Regina Keil-Sagawe).

15 In Anhang 1 findet der Leser einen Überblick über die verschiedenen Glaubensrichtungen, Schulen und Bewegungen innerhalb der Welt des Islam.

16 Das deutsche Wort ‚Kaffer' ist notabene abgeleitet von der arabischen Wortwurzel *kâfir*, ‚Ungläubiger', Plural *kuffâr*. (Anm. d. Ü.)

17 Frantz Fanons gleichnamiges Manifest der afrikanischen und gesamt-antikolonialen Revolution wurde, mit einem Vorwort von Jean-Paul Sartre, zum erstenmal 1961 in Paris veröffentlicht. Deutsch von Traugott König, Frankfurt 2001. (Anm. d. Ü.)

18 Für eine tiefergehende Kenntnis dieser Querverbindungen und ihrer unglaublichen Verflechtungen ziehe man die einschlägigen Publikationen der Experten für islamistischen Terrorismus und al-Qaida heran.

19 *La maladie de l'Islam*, Paris 2002, dt. von Beate und Hans Thill, Heidelberg 2002. (Anm. d. Ü.)

20 Mohammed Arkoun, *Critique de la raison islamique*, Paris 1984; vgl. auch Ursula Günter, *Mohammed Arkoun. Ein moderner Kritiker der islamischen Vernunft*, Würzburg 2004. (Anm. d. Ü.)

21 Vgl. Siham Bensedrine/Omar Mestiri: *Despoten vor Europas Haustür. Warum der Sicherheitswahn den Extremismus schürt*, Deutsch von U. Schäfer, München 2005. (Anm. d. Ü.)

22 Ausführlicher geht Boualem Sansal auf diese Vor- und Frühgeschichte Nordafrikas in seinem Essay *Petit éloge de la mémoire. Les 4001 années de la nostalgie* (Paris 2007) ein. (Dt. *Maghreb – Eine kleine Weltgeschichte*, Berlin 2012, Deutsch von Regina Keil-Sagawe).

23 Vgl. zur Frage der arabischen Identität in Algerien auch Boualem Sansals „zornigen und hoffnungsvollen Brief" an seine Landsleute, *Poste restante: Alger* (Paris 2006. Dt. *Postlagernd: Algier*, Gifkendorf 2008, Deutsch von Ulrich Zieger).

[24] Jean-Paul Oddos, *Isaac de Lapeyrère (1596-1676). Un intellectuel sur les routes du monde*, Paris 2012.
[25] Deutsche Übersetzung zitiert nach: http://sommers-sonntag.de/?p=523 (Anm. d. Ü.)
[26] Nach dem von Sansal zitierten Wortlaut der französischen Übersetzung, die auf der französischen Wikipedia-Seite zu Salman Rushdie steht, ins Deutsche übertragen (vgl. http://fr.wikipedia.org/wiki/Salman_Rushdie). (Anm. d. Ü.)
[27] Der Arabische Frühling, der im Januar 2011 in Tunesien seinen Ausgang nahm, gilt nicht zuletzt auch als Facebook-Revolution. Vgl. die tunesische Bloggerin Lina Ben Mhenni mit ihrer Streitschrift *Vernetzt Euch!* Berlin 2011 (Originaltitel: *Tunisian Girl – Blogueuse pour un printemps arabe*, übersetzt von Patricia Klobusiczky). (Anm. d. Ü.)
[28] Auch liegt seit 2009 auf Deutsch eine neue, um ein Vorwort (von 2003) und Nachwort (von 1994) des Verfassers ergänzte Fassung vor: *Orientalismus*, Deutsch von H. G. Holl, Frankfurt am Main. (Deutsche Erstausgabe: *Orientalismus*, Frankfurt/Berlin/Wien 1981, Deutsch von L. Weissberg). (Anm. d. Ü.)
[29] Chakib Arslan trug wegen seiner meisterhaften Beherrschung der arabischen Sprache auch den Beinamen „Prinz der Beredsamkeit"; er war ein glühender Panislamist und Unterstützer des Osmanischen Reichs, der den Arabern und Muslimen riet, dieses um jeden Preis zu halten, da sein Untergang, so prophezeite er, den Zerfall der Umma zu Gunsten der europäischen Großmächte zur Folge hätte. Als Herausgeber der Zeitschrift *Die arabische Nation*, die die Einheit der Araber und die arabische Sprache hochhielt, war er in der gesamten arabischen Welt berühmt und hatte Leser „von Rabat bis Java".
[30] http://www.pewforum.org/2012/08/09/the-worlds-muslims-unity-and-diversity-executive-summary/
[31] Ibn Khaldûn, *Buch der Beispiele. Die Einführung. Al-Muqaddima*. Aus dem Arabischen, Übersetzung, Auswahl, Vorbemerkungen und Anmerkungen von Mathias Pätzold, Leipzig 1992.

Weitere Werke von Boualem Sansal

DER SCHWUR DER BARBAREN
Roman, Deutsch von Regina Keil-Sagawe
480 S., Klappenbroschur, ISBN 978-3-87536-280-0

DAS VERRÜCKTE KIND AUS DEM HOHLEN BAUM
Roman, Deutsch von Riek Walther
320 S., Ln., ISBN 978-3-87536-224-4 / als Klappenbroschur, ISBN 978-3-87536-293-0

ERZÄHL MIR VOM PARADIES
Roman, Deutsch von Regina Keil-Sagawe
352 S., Ln., ISBN 978-3-87536-245-9 / als Klappenbroschur, ISBN 978-3-87536-295-4

HARRAGA
Roman, Deutsch von Riek Walther
280 S., Ln., ISBN 978-3-87536-254-1 / als Klappenbroschur, ISBN 978-3-87536-294-7

DAS DORF DES DEUTSCHEN
Roman, Deutsch von Ulrich Zieger
288 S., Klappenbroschur, ISBN 978-3-87536-281-7

POSTLAGERND: ALGIER
Essay, Deutsch von Ulrich Zieger, gefolgt von „Unser Herz schlägt in Tunis",
vier Essays und ein Interview, 84 S., kart., ISBN 978-3-87536-292-3

RUE DARWIN
Roman, Deutsch von Christiane Kayser
264 S., Ln., ISBN 978-3-87536-302-9

2084. DAS ENDE DER WELT
Roman, Deutsch von Vincent von Wroblewsky
288 S., Ln., ISBN 978-3-87536-321-0

DER ZUG NAHCH ERLINGEN oder DIE VERWANDLUNG GOTTES
Roman, Deutsch von Vincent von Wroblewsky
260 S., Ln., ISBN 978-3-87536-333-3

FREUNDSCHAFTLICHER, RESPEKTVOLLER UND MAHNENDER BRIEF AN DIE VÖLKER UND NATIONEN DER WELT
Essay, Deutsch von Jean-Pierre Bejaoui
ca. 104 S., kart., ISBN 978-3-87536-343-2

ABRAHAM oder DER FÜNFTE BUND
Roman, Deutsch von Vincent von Wroblewsky
ca. 280 S., Ln., ISBN 978-3-87536-344-9

MERLIN VERLAG
21397 Gifkendorf Nr. 38

© der deutschen Ausgabe und Übersetzung: MERLIN VERLAG
Andreas Meyer VerlagsGmbH & Co KG
Französischer Titel: *Gouverner au nom d'Allah*
© Éditions Gallimard, Paris 2013
© der deutschen Übersetzung des Auszugs aus Ibn Khaldûns *Muqaddima*:
Mathias Pätzold.

Aus Anlass der 8. Auflage verfasste Boualem Sansal ein Vorwort:
© des französischen Originals: Boualem Sansal, 2022.
© der deutschen Übersetzung von Jean-Pierre Bejaoui: MERLIN VERLAG
Andreas Meyer VerlagsGmbH & Co KG

Satz: Merlin Verlag, Gifkendorf
Umschlag: Designbüro Möhlenkamp, Marlis Schuldt,
Jörg Möhlenkamp, Bremen, unter Verwendung eines Fotos von Associated Press
(© picture alliance / AP Photo)
Druck und Einband: Beltz Graphische Betriebe GmbH, Bad Langensalza

8., ergänzte Auflage, Gifkendorf 2022
im 65. Jahr des Merlin Verlags
ISBN 978-3-87536-309-8
www.merlin-verlag.com
www.boualem-sansal.de
www.facebook.com/boualemsansal